Was tun, wenn jemand stirbt?

Ein Ratgeber in Bestattungsfragen

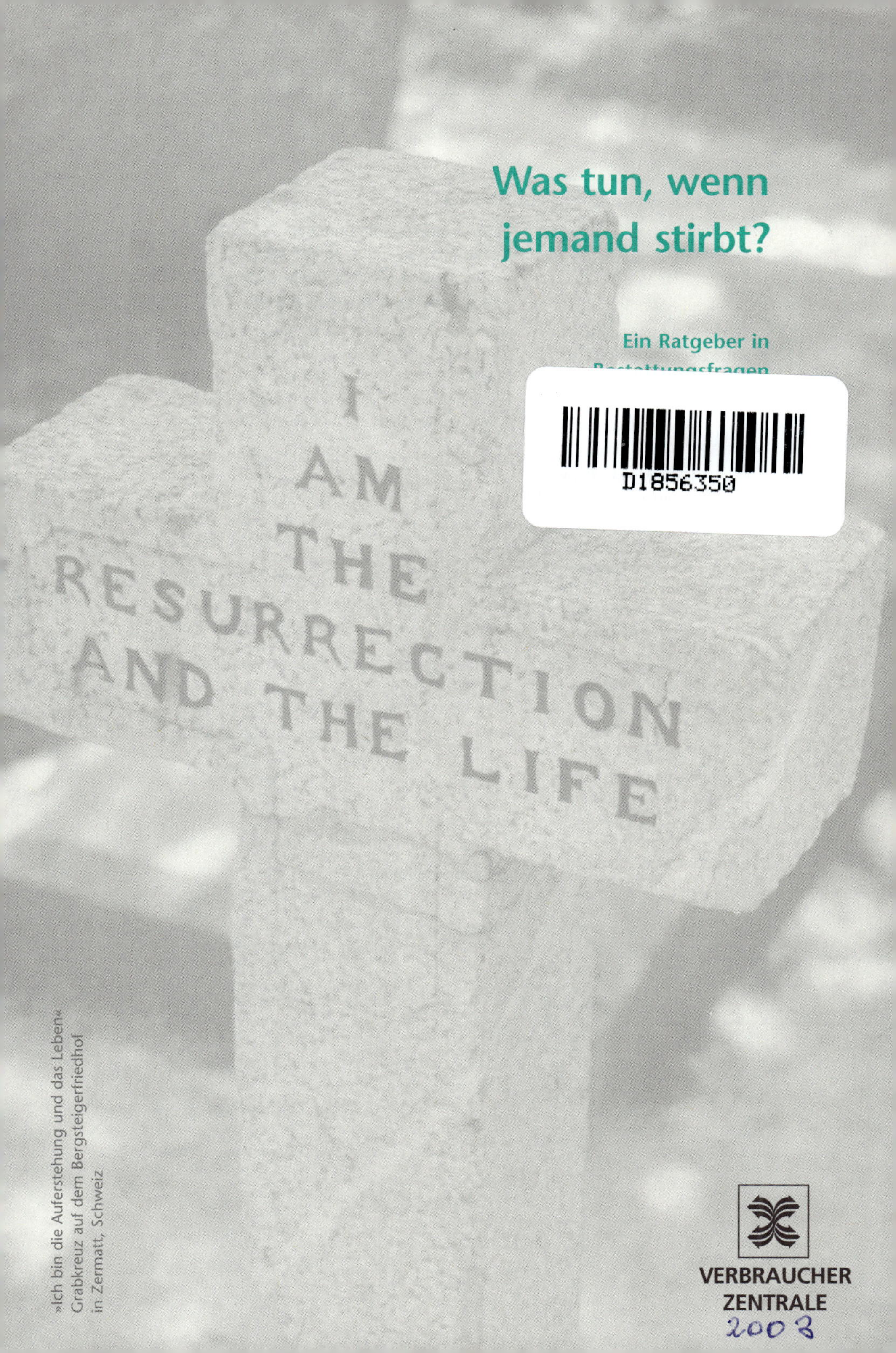

»Ich bin die Auferstehung und das Leben«
Grabkreuz auf dem Bergsteigerfriedhof
in Zermatt, Schweiz

VERBRAUCHER
ZENTRALE

Herausgeber

Verbraucherzentrale Bundesverband (vzbv) e.V.
Markgrafenstraße 66, 10969 Berlin
Telefon: 0 30-2 58 00-0, Telefax: 0 30-2 58 00-218
e-mail: info@vzbv.de, www.vzbv.de

Verbraucher-Zentrale Baden-Württemberg
Paulinenstraße 47, 70178 Stuttgart
Telefon: 0711-66 91-10, Telefax: 0711-66 91-50,
e-mail: info@verbraucherzentrale-bawue.de
www.verbraucherzentrale-bawue.de

Verbraucher-Zentrale Hamburg e. V.
Kirchenallee 22, 20099 Hamburg
Telefon: 040-2 48 32-0, Telefax: 040-2 48 32-290
e-mail: info@vzhh.de, www.vzhh.de

Verbraucher-Zentrale Hessen e. V.
Große Friedberger Straße 13–17, 60313 Frankfurt a. M.
Telefon: 069-97 20 10-0, Telefax: 069-97 20 10-50
e-mail: vzh@verbraucher.de, www.verbraucher.de

Verbraucher-Zentrale Nordrhein-Westfalen e. V.
Mintropstraße 27, 40215 Düsseldorf
Telefon: 0211-38 09-0, Telefax: 0211-38 09-172
e-mail: vz.nrw@vz-nrw.de, www.verbraucherzentrale-nrw.de

Text
Lothar Heidepeter, Neuss

Redaktion
Ileana von Puttkamer

Gesamtproduktion
HPPR Werbeagentur, Neuss

Fotos
HPPR Werbeagentur, Neuss, ©

Druck
BasseDruck GmbH, Hagen

Stand
Juni 2003

Auflagen
1.–13. Auflage: 175.000 Exemplare
14. Auflage,
überarbeitet: 15.000 Exemplare, Juli 2003

ISBN
3-936350-17-5

Wo finden Sie was?

ALLES FLIESST

DIE GANZE WELT IST BÜHNE,
UND ALLE FRAUN UND MÄNNER BLOSSE SPIELER.
SIE TRETEN AUF UND GEHEN WIEDER AB.

Skakespeare, »Wie es Euch gefällt«

Alter jüdischer Friedhof in Neuss

1
Sterben – ein gesellschaftliches Tabu

WER IM GEDÄCHTNIS SEINER LIEBEN LEBT,
DER IST NICHT TOT, DER IST NUR FERN;
TOT IST NUR, WER VERGESSEN WIRD.

Immanuel Kant

Plötzlich und unerwartet?

Sterben gehört zu den Themen, die viele von uns am liebsten meiden. Während in vergangenen Jahrhunderten Geburt und Tod für die meisten Menschen zum Leben unabänderlich dazu gehörten, weil sie im unmittelbaren Umfeld – nämlich in aller Regel zu Hause – stattfanden, erblicken die meisten neuen Erdenbürger heutzutage in Krankenhäusern das Licht der Welt, und dort erlischt das Lebenslicht für etwa 70 % der Deutschen auch.

Während Verstorbene früher in den eigenen vier Wänden aufgebahrt wurden und Freunde und Nachbarn dort Abschied nehmen konnten, wollen selbst nahe Angehörigen die Toten heute häufig nicht mehr sehen, bevor der Sargdeckel sich für immer schließt. Schwestern und Pfleger in Krankenhäusern kennen den Satz: »Sie rufen aber erst an, wenn er tot ist!«

Die Gründe für diesen Wandel sind vielfältig. Einer ist sicherlich die Angst vor dem eigenen Tod, der zwar heute wie damals irgendwann unabänderlich eintritt, aber durch die Fortschritte der Medizin verzögert wird. Unsere Lebenserwartung nimmt weiterhin zu. Sie liegt für jetzt geborene Jungen bei 74,8, für jetzt geborene Mädchen bei 80,8 Jahren. Ein jetzt 60jähriger Mann hat im Durchschnitt noch eine weitere Lebenserwartung von 19,25 Jahren, eine gleichaltrige Frau von 23,5 Jahren. Tendenz steigend: Denn die Gesundheitsindustrie verlängert unser Leben mit vielen mehr oder minder teuren Mitteln; die »jungen Alten« jetten auch mit 70 noch nach Mallorca oder gar in die Karibik. Wer will da schon daran denken, dass all dies vielleicht die (vor)letzte Reise sein könnte.

Auf das eigene Ende angesprochen, wünschen sich viele Menschen einen schnellen Tod; wer will schon gerne leiden? Die Wirklichkeit sieht anders aus. Von den gut 820.000 Menschen, die in Deutschland im Jahr 2001 gestorben sind, verbrachten die meisten die letzten Tage, oft sogar Wochen oder Jahre in Heimen und Krankenhäusern, wo mancher dem Tod entgegendämmerte. »Plötzlich und unerwartet« kann demnach das Ableben für Verwandte und Freunde, so sie denn noch vorhanden sind, nicht kommen.

Doch nur wenige Angehörige setzen sich in einer solchen Zeit mit dem, was unabänderlich kommen wird, auseinander. Was zu tun ist, wenn jemand stirbt, das wussten unsere Vorfahren besser als wir. Sterben gehörte zu den elementaren Lebensereignissen. In bestimmten Regionen Deutschlands gab es das Totenhemd als typisches Geschenk zur Konfirmation, und Mädchen nähten Totenkleider für die Aussteuer. Selbst Särge wurden zu Lebzeiten bestellt – was heute sicher auch noch manch einer von uns gern tun würde, wenn er denn ahnen würde, in welchem Modell er letztendlich zu Grabe getragen wird.

Das Aussuchen des Sarges ist nur eine der Aufgaben, die Hinterbliebene kurzfristig bewältigen müssen. Die Bestattung ist zu organisieren, Verwandte, Freunde und Bekannte sollen informiert werden, Formalitäten sind zu erledigen, und in vielen Fällen soll eine Trauerfeier arrangiert werden. Dies ist ein großer organisatorischer Aufwand, der zudem mit erheblichen finanziellen Belastungen verbunden ist. Nicht wenige Menschen fühlen sich in solch einer seelischen Ausnahmesituation überfordert, nüchterne Entscheidungen zu treffen.

Während früher Freunde und Nachbarn im Todesfall fest vereinbarte Aufgaben hatten, gibt es solche Hilfsgemeinschaften heute fast nur noch in kleineren Gemeinden. Der »Leichenbitter«, der über den Tod und die Beerdigung informierte, die Frauen, die das letzte Hemd nähten, die Freunde als Sargträger, solche hilfreichen Mitmenschen findet man in der Anonymität der heutigen Zeit, in der nur wenige zu Hause sterben, leider nur noch selten. Zum Schmerz über den Verlust des Angehörigen kommt für die Hinterbliebenen zwangsläufig die Belastung durch Aufgaben, denen sich viele nicht gewachsen fühlen. Viele Mitmenschen sind auf sich allein gestellt und übertragen die notwendigen Schritte einem Beerdigungsunternehmer.

Wir wollen in diesem Ratgeber informieren, was beim Todesfall eines Angehörigen zu tun ist, an wen man sich wenden muss oder kann und was dabei im Einzelnen zu beachten ist.

Es kommt sehr viel auf Sie zu. Deshalb empfehlen wir Ihnen, unsere Ratschläge nicht erst im Todesfall eines Angehörigen zum ersten Mal zu lesen, sondern sich schon vorher – eventuell auch vor dem Aufsetzen des eigenen Testaments – damit zu beschäftigen.

Wichtige Hinweise zur Abfassung des letzten Willens finden Sie auch in den Ratgebern zum Thema »Erbschaften« der Verbraucherzentralen. Nähere Informationen dazu finden Sie auf den Seiten 115 und 116!

Unumgängliche Formalitäten

»Von der Wiege bis zur Bahre – Formulare«. Wie vieles in Deutschland ist auch das Bestattungswesen bis ins Detail geregelt. Nicht der Bundesgesetzgeber, sondern die Länder sind für Gesetze und Verordnungen zuständig. Die Bestattungsvorschriften ähneln sich zwar, sind aber nicht identisch. So gibt es zum Beispiel in Sachsen das »Sächsische Gesetz über das Friedhofs-, Leichen- und Bestattungswesen (Sächsisches Bestattungsgesetz)« vom 8.7.1994. Ein vergleichbares Gesetz, in dem Vorschriften zu Friedhöfen, Leichenschau, Obduktionen sowie Bestattung und Einäscherung zusammengefasst sind, gab es aber in Nordrhein-Westfalen beispielsweise nicht. Dort behilft man sich bis Ende August 2003 noch mit unterschiedlichen Verordnungen und Richtlinien. Doch auch in Deutschlands bevölkerungsreichstem Bundesland hat das letzte Stündchen für das »Kaiserliche Decret über die Begräbniße vom 23. Prairial Jahr XII ...«) (1804) inzwischen geschlagen. Ein modernes »Gesetz über das Friedhofs- und Bestattungswesen« wurde am 4. Juni 2003 vom Landtag verabschiedet und tritt am 1. September 2003 in Kraft.

Auch in Niedersachsen wurde auf Regierungsseite über ein neues Bestattungsgesetz nachgedacht. Ob die neue Landesregierung weiter daran arbeitet, ist noch offen.

Bewegung kommt auch in die Gesetze anderer Bundesländer. Mehr Freiräume für die Beisetzung soll es zukünftig auch im Saarland geben.

Die staatlichen Vorschriften legen die Verantwortung für die Verpflichtungen, die der Tod auslöst, in die Hände der »nächsten geschäftsfähigen Angehörigen«. Was nichts anderes heißt, als dass in der Regel der Ehegatte, die Kinder, die Eltern, die Geschwister oder der sonstige Sorgeberechtigte (in dieser Abfolge) für die Bestattung zuständig sind. Gibt es die Erstgenannten nicht (mehr), müssen die Großeltern, die Enkelkinder oder sonstige Verwandte einspringen.

Trotz der Trauer, die man beim Tod eines nahen Verwandten empfindet, muss man sich also – nicht nur aus moralischer, sondern auch aus gesetzlicher Verpflichtung – um das »Verfahren« der Bestattung kümmern. Dazu gehören Behördengänge, die Sie am besten – falls nicht von einem Bestatter – von einem Vertrauten erledigen lassen, der dazu in einer besseren Verfassung ist.

Auch bei den Vorbereitungen der anschließenden Trauerfeier sollten Sie sich helfen lassen, da es hier auf nüchterne Entscheidungen ankommt. Es wird viel von Ihnen verlangt: Zum einen haben Sie eine Menge Vorschriften einzuhalten, zum anderen sind Sie gesellschaftlichen Erwartungen ausgesetzt.

Vergessen Sie nicht: Die Zeit, in der dies alles geschehen muss, ist in der Regel knapp. Bestatter können Ihnen viele organisatorische Arbeiten abnehmen, falls Sie das wünschen und bereit sind, für diese Dienstleistung zu zahlen. Denn sie wissen natürlich, welches Amt zuständig ist und welche Öffnungszeiten es hat, welche Urkunden notwendig sind usw.

Da sich jeder andere für gewöhnlich erst im Todesfall mit Bestattungsfragen auseinander setzt, fehlt die Routine, die den Umgang mit den Einzelproblemen erleichtern würde. Trotzdem ist deren Bewältigung unaufschiebbar und erfordert schnelles Handeln. Nach 36 Stunden müssen in der Regel Tote in die Leichenhalle überführt werden, frühestens 48 Stunden nach Eintritt des Todes und spätestens innerhalb von fünf Werktagen (120 Stunden) muss in Deutschland ein Leichnam begraben oder ins Krematorium gebracht werden. Ausnahmen, zum Beispiel weil weit entfernt lebende oder verreiste Angehörige an der Beerdigung teilnehmen sollen oder möchten, sind nur auf Antrag möglich und werden nicht immer genehmigt.

Falls der oder die Verstorbene eine Lebens- oder Unfallversicherung hatte, müssen Sie das Unternehmen unverzüglich benachrichtigen. Mehr Informationen dazu finden Sie auf Seite 74.

Kostenaufwand kein Beweis für Trauer

Viele Menschen stehen zusätzlich vor dem Problem, dass der Verwandten- und Freundeskreis »angemessene« Trauerfeierlichkeiten erwartet und womöglich vom Aufwand der Bestattung auf die Intensität der Trauer bei den Hinterbliebenen schließt. Bestattungen sind nämlich teuer, und je aufwändiger sie sind, desto höher steigen die Kosten. Dabei setzt sich manch einer allerdings auch selbst unter Druck und befürchtet »Erwartungen«, die von vielen Teilnehmern der Trauergemeinde gar nicht gehegt werden. Doch es gibt sie natürlich, die »lieben« Mitmenschen, die die Trauergäste in Kirche oder Kapelle genauso zählen wie die Kränze oder die Brötchen beim anschließenden »Leichenschmaus«.

Die Auseinandersetzung mit dem Tod und seinen Folgeproblemen ist also nicht nur ein gefühlsmäßiges, sondern auch ein finanzielles Problem. Dabei schließen sich nüchternes Abwägen bei den finanziellen Entscheidungen und Trauer um den Verstorbenen nicht aus, auch wenn dieser Eindruck zum Teil noch verbreitet ist.

2 Was geschieht im Bestattungsfall?

… ICH WILL GESANG, WILL SPIEL UND TANZ,
WILL, DASS MAN SICH WIE TOLL VERGNÜGT,
ICH WILL GESANG, WILL SPIEL UND TANZ,
WENN MAN MICH UNTER'N RASEN PFLÜGT …

Jacques Brel, »Adieu Emile«

stiller
Gruß

Selbstorganisation oder Bestattungsunternehmen?

Die notwendigen Informationen über die Durchführung einer Bestattung und die entsprechenden Vorschriften erhalten Sie ebenso wie direkte Hilfe und Unterstützung am leichtesten bei einem Bestattungsunternehmer. Der wird auch dann bereit sein, Sie zu informieren, wenn Sie zumindest einen Teil der Aufgaben selbst übernehmen möchten.

Denn sämtliche Formalitäten durch einen Bestatter erledigen zu lassen, übersteigt manchmal die finanziellen Möglichkeiten der Betroffenen. Deshalb sollten Sie sich gut überlegen, welche der notwendigen Formalitäten (Beantragung der Sterbeurkunde, Terminabsprachen mit der Friedhofsverwaltung und dem Pfarrer oder die Aufgabe der Traueranzeige) Sie selbst übernehmen können.

Für die meisten Angehörigen scheinen die Rituale der Trauer für die Ewigkeit festgeschrieben zu sein. Die Zahl der Hinterbliebenen, die die Bestattungszeremonie weitgehend selbst bestimmen möchten und so Bestattungsroutine durch individuellen Abschied mit eigenen Reden oder selbst gewählter Musik ersetzen wollen, steigt zwar, ist aber immer noch sehr gering.

Viele junge Menschen können heutzutage mit den überlieferten Bestattungsritualen nicht mehr viel anfangen und suchen eine andere Auseinandersetzung mit dem Tod von Freunden oder Angehörigen.

Nicht nur Disko- und andere Unfälle oder der AIDS-Tod reißen gerade bei 20- bis 30-Jährigen immer wieder Lücken. AIDS-Kranke leben oft ohne Kontakt zu ihren Angehörigen, so dass dann Freunde für die Beerdigung sorgen. Da diese zur gleichen Altersgruppe wie die Verstorbenen gehören, wünschen sie häufig eine dem Leben angepasste Verabschiedung ohne Reden eines Pfarrers oder Grabredners, der den oder die Tote/n niemals gesehen hatte, geschweige denn kannte.

Eine solche Abkehr von überkommenen Zeremonien ist inzwischen auch in Zusammenarbeit mit vielen Bestattungsunternehmen möglich.

Damit Sie oder Personen, die Ihnen beistehen, im Todesfall eines Angehörigen schnell die richtigen Entscheidungen treffen können, haben wir die folgenden Informationen so gegliedert, dass wir das, was Sie zuerst tun müssen, an den Anfang gestellt haben. Wer sich schnell einen Überblick verschaffen will, kann auch zunächst unsere Übersicht auf Seite 34 f. ansehen.

Zuerst: Arzt benachrichtigen

Tritt der Tod zu Hause ein, so muss zunächst **sofort** der Arzt benachrichtigt werden, damit der Totenschein ausgestellt werden kann. In Krankenhäusern, Altenheimen und bei Unfalltod wird die Ausstellung des Totenscheines ohne Zutun der Angehörigen veranlasst. In einigen Fällen, so zum Beispiel bei Freitod oder ungeklärten Unfallursachen, müssen Sie oder der zugezogene Arzt die Kriminalpolizei einschalten, da die genaue Todesursache zunächst untersucht werden muss. Arzt oder Ärztin müssen dies auch dann tun, wenn sie unerklärliche Verletzungen entdecken. Die Polizei ist gemäß Strafprozessordnung zur sofortigen Anzeige an die Staatsanwaltschaft verpflichtet. Zur Bestattung ist dann deren schriftliche Genehmigung erforderlich.

Haben Arzt oder Ärztin den Totenschein ausgestellt, gilt der nächste Schritt der Sterbeurkunde. Diese muss bei dem Standesamt, in dessen Zuständigkeitsbereich der Todesfall eingetreten ist, beantragt werden. Nicht immer ist also das Standesamt am Wohnort des Verstorbenen zuständig (beispielsweise beim Tod im Krankenhaus eines anderen Ortes oder nach einem Verkehrsunfall an einem anderen Ort).

Für die Beantragung der Sterbeurkunde müssen außer dem Totenschein je nach Familienstand folgende Bescheinigungen beim Standesamt vorgelegt werden:

- **Ledige**
  - Geburtsurkunde und
  - Personalausweis des/der Verstorbenen
- **Verheiratete**
  - Heiratsurkunde (Familienstammbuch) und
  - Personalausweis des/der Verstorbenen
- **Geschiedene**
  - Heiratsurkunde (Familienstammbuch),

    - Personalausweis des/der Verstorbenen und
    - Scheidungsurteil
- **Verwitwete**
    - Heiratsurkunde (Familienstammbuch),
    - Personalausweis des/der Verstorbenen und
    - Sterbeurkunde oder Todeserklärung für den schon verstorbenen Ehegatten.

Von der Sterbeurkunde werden üblicherweise gleich mehrere kostenfreie Exemplare für den Friedhof, die Rentenversicherung und die Krankenkasse ausgefertigt. Da sie für die Abwicklung anderer Formalitäten – zum Beispiel zu Kontoauflösungen – auch gebraucht werden, sollten Sie gleich ein paar Exemplare mehr ausstellen lassen. Totenschein und Sterbeurkunde sind also Voraussetzungen, die eine Bestattung erst ermöglichen; der Totenschein zur Erlangung der Sterbeurkunde und diese anschließend zur Bestattung. Beide Urkunden müssen deshalb umgehend besorgt werden.

Die Vorbereitung der Bestattung

Nachdem diese wichtigsten Dinge erledigt sind, müssen Sie festlegen, wo und auf welche Art und Weise die Bestattung durchgeführt werden soll. Hat der oder die Verstorbene schon frühzeitig über die eigene Bestattung verfügt oder Wünsche geäußert, sollten die Hinterbliebenen diesen Vorstellungen im Regelfall entsprechen. Soweit die Wünsche durchführbar sind, können durch solche Verfügungen die Entscheidungen der Hinterbliebenen erleichtert werden.

Die Beerdigung bzw. die Einlieferung der Leiche in ein Krematorium muss – wie bereits erwähnt – im Regelfall innerhalb von 120 Stunden (fünf Werktage) nach dem Tod erfolgen. Ausnahmen bedürfen der Genehmigung der örtlich zuständigen Behörden.

Da in Deutschland fast alles durch die Gesetzgeber geregelt ist, gilt dies natürlich auch für die letzte Ruhe: »Tote kommen auf den Friedhof«, was nichts anderes bedeutet als »umfriedeter Hof« (mittelhochdeutsch: vrîthof). Der war im Mittelalter zunächst identisch mit dem Kirchhof, eine Bezeichnung, die ältere von uns auch heute noch benutzen und womit das Gelände um die Kirche gemeint war.

Die Kirche war Mittelpunkt der Gemeinde, das kirchliche Begräbnis diente unter anderem dem Ziel, die Seele des Verstorbenen für Gottes Reich zu bewahren. Da der Platz begrenzt war und die Menschen jung starben, wurden die Gräber schnell aufs Neue belegt. Damit dies möglich war, kamen die Gebeine »normaler« Sterblicher nach einiger Zeit ins Gebeinhaus, nur wer zum Adel oder Klerus gehörte, hatte Anspruch auf »ewige« Totenruhe. Bedingt durch die Reformation und auch durch die problematischen hygienischen Bedingungen auf den immer wieder neu belegten Kirchhöfen wurden später die Begräbnisstätten außerhalb der Kirchenmauern und manchmal auch außerhalb des Dorfes gelegt. Ende des 18. Jahrhunderts konzipierte man Friedhöfe erstmals als Landschaftsgarten.

Friedhöfe in großen Städten wie Ohlsdorf in Hamburg oder Melaten in Köln sind heute die grünen Oasen inmitten rauschenden Verkehrs. Denn ihre Mauern sind durch das Wachstum der Städte längst in diese zurückgekehrt.

»Tote kommen auf den Friedhof.« Was früher selbstverständlich war, bedarf heute der Differenzierung. Sicherlich gilt dieser Satz auch in unserer Zeit für die meisten Verstorbenen. Doch als letzte Ruhestätte wünschen sich immer mehr Menschen nicht mehr die Grabstätte, sondern die offene See oder gar den Weltraum. Auch die körperliche Bestattung im Sarg ist nicht mehr selbstverständlich gefragt, die Zahl der Urnenbeisetzungen steigt.

Als erste Frage bei der Vorbereitung der Beerdigung ist deshalb die Bestattungsform zu klären. Man unterscheidet hier folgende Möglichkeiten:

- Erdbestattung,
- Feuerbestattung,
- Seebestattung und
- anonyme Feuer- oder Erdbestattung.

Nicht jede Bestattungsform geeignet

Von den genannten Bestattungsformen wird die Erdbestattung mit etwa 60 % am häufigsten gewählt, die Zahl der Feuerbestattungen steigt und liegt derzeit bei 40 %.

Die Kosten für die verschiedenen Bestattungsformen sind unterschiedlich. Ehe Sie sich für eine Form entscheiden, sollten Sie bedenken, dass Gräber gepflegt werden müssen und dass, je nach Bestattungsform, später unterschiedliche Anforderungen an die Hinterbliebenen entstehen können.

So kann es beispielsweise eine körperliche Überforderung für ältere Menschen sein, eine größere Gruft zu pflegen, oder eine Grabpflege ist kaum möglich, weil die Hinterbliebenen mehrere hundert Kilometer entfernt wohnen. In beiden Fällen kann man die Pflege einem Friedhofsgärtner übertragen, allerdings sind die regelmäßigen Kosten dafür nicht zu vergessen. Die Pflege eines kleinen Urnengrabes ist nicht nur einfacher, sondern auch billiger.

Die Erdbestattung

Die Erdbestattung ist – wie bereits erwähnt – die zurzeit noch am weitesten verbreitete Bestattung. Ihre Kosten hängen unter anderem auch von der Größe und Lage des Grabes oder der Grabstätte ab. Grundsätzlich besteht eine Entscheidungsmöglichkeit zwischen

- Reihengrab und
- Wahlgrab.

Bei **Reihengräbern** – die durchweg Einzelgräber sind – haben Sie keinen Einfluss auf die Lage des Grabes auf dem Friedhof, da die Beisetzungsfelder von der Friedhofsverwaltung festgelegt und die nachfolgenden Gräber der Reihe nach angeschlossen werden (deshalb die Bezeichnung Reihengrab).

Obwohl immer wieder von Grabkauf gesprochen wird, erwerben Sie lediglich das Nutzungsrecht für einen bestimmten Zeitraum, beispielsweise für 20 oder 30 Jahre. Nach Ablauf dieses Zeitraumes besteht bei Wahlgräbern die Möglichkeit, die Nutzungsdauer zu verlängern. Wahl- und Reihengrab unterscheiden sich außerdem durch die Höhe der zu entrichtenden

Grabnutzungsgebühren, wobei Wahlgräber fast überall teurer sind als Reihengräber (siehe Seite 53 ff.).

Wenn Sie sich für ein **Wahlgrab** entscheiden, können Sie – sofern verfügbar – Lage und Größe (das heißt, die Zahl der Grabstellen) des Grabes bestimmen. Falls die Friedhofsverwaltung es zulässt, können Sie überlegen, ob ein Grab an einem Hauptweg, nahe einem günstig gelegenen Eingang oder auch in der Nähe von Grabstätten anderer Angehöriger liegen soll.

Häufig unterscheiden sich die Felder für Wahlgrabstätten nach Umgebung und Lage, so dass möglicherweise auch besondere Wünsche, zum Beispiel nach einem Waldgrab, berücksichtigt werden können. Erwirbt man bei einem Todesfall gleich eine Grabstätte mit mehreren Stellen (zwei- oder mehrstellig), steigen die Kosten entsprechend, weil jede einzelne Stelle berechnet wird. Gleiches gilt bei eventuell notwendigen Verlängerungen der Nutzungsdauer. Unabhängig von der tatsächlichen Belegung der Stellen werden auch hier die Gebühren wieder für die gesamte Grabstelle fällig. Überlebt beispielsweise bei einem Ehepaar, das sich für ein gemeinsames Grab entschieden hat, ein Ehepartner den anderen um 20 Jahre, bleibt eine Grabstelle in einem Doppelgrab eventuell sogar für die gesamte Nutzungsdauer ungenutzt. Sie muss jedoch bezahlt werden!

Beim Tod Ihres Partners bzw. Ihrer Partnerin, mit dem bzw. der Sie kein Trauschein verbindet, sollten Sie sich vor dem Erwerb eines mehrstelligen Grabes darüber informieren, ob Sie selbst später einmal in diesem Grab beerdigt werden dürfen. Es gibt auch heute (leider) noch Friedhofssatzungen, die das ausschließen!

Falls Sie planen, später einen Grabstein errichten zu lassen, müssen Sie bereits bei der Auswahl der Grabstätte darauf achten, ob sie sich in einem Feld mit besonderen Gestaltungsvorschriften befindet. Falls dies so ist, sind Art und Größe des Steins genau vorgeschrieben (siehe Seite 81 ff.).

Es ist in der Regel nicht möglich, schon zu Lebzeiten ein Wahlgrab zu »kaufen«, obwohl Friedhofsverwaltungen immer wieder Anfragen von Interessenten erhalten. Deren Entscheidung ist verständlich, wenn man bedenkt, dass die Flächen für Friedhöfe dann noch wesentlich größer sein müssten. Schließlich weiß keiner von uns, wieviel Zeit auf Erden noch bleibt. Andererseits gibt es aber bei Friedhöfen, auf denen bei immer mehr Gräbern die Ruhefristen nicht verlängert wurden und viele Grabstellen deshalb nicht mehr gepflegt werden, auch Verhandlungsmöglichkeiten. Sollten Sie Interesse daran haben, fragen Sie bei der Friedhofsverwaltung (Friedhofs- oder Gartenamt, Kirchengemeinde) nach.

Es gibt Gemeinden, in denen eine »Grabreservierung« zwar möglich, aber an ein bestimmtes Mindestalter – zum Beispiel 65 oder 70 Jahre – geknüpft ist.

Die Feuerbestattung

Mit Feuerbestattung bezeichnet man die Verbrennung (Einäscherung) des Verstorbenen im Sarg und spätere Beisetzung der Asche in einer Urne. Auch in diesem Fall kann eine Grabstätte ausgewählt oder in einem Reihengrab bestattet werden. Wie bei der Erdbestattung gelten auch hier die Preisunterschiede für Reihen- und Wahlgräber, wobei der Erwerb des Nutzungsrechtes an Urnengräbern allerdings wegen der kleineren Fläche weniger kostspielig ist (siehe Seite 53 ff.).

1996 wurden in Deutschland rund 38 % der Verstorbenen in Urnen beigesetzt, 1999 waren es bereits gut 40 %. Tendenz: steigend. Neuere Zahlen liegen derzeit nicht vor.

Die Feuerbestattung wird heute von beiden christlichen Konfessionen gleichermaßen anerkannt, so dass jedem die freie Wahl bleibt. Es ist nicht notwendig, Feuerbestattungsvereinen beizutreten. Vor allem in Norddeutschland und in den neuen Bundesländern entscheiden sich traditionell viele Menschen für die Einäscherung. Nach einer Umfrage des Deutschen Städte–tages werden in Neubrandenburg fast 97 %, in Gera 96 % in Kiel 81 % und in Hamburg 63 % der Toten verbrannt. Je weiter man in der Republik nach Süden bzw. Westen kommt, desto größer ist der Anteil der körperlichen Bestattungen, vermutlich zunächst aus religiösen, inzwischen jedoch eher aus traditionellen Gründen. Zum Vergleich: In Regensburg lag der Anteil der Feuerbestattung nur bei 32 %, in Lahr bei 28 % und in Bielefeld bei gut 27 %.

Feuerbestattungen sind möglich, seit August Friedrich Siemens (1826–1904) im Jahr 1874 einen »Ofen zur Leichenverbrennung durch hocherhitzte, atmosphärische Luft« erfand. Das erste deutsche Krematorium entstand ein paar Jahre später 1878 in Gotha. Inzwischen gibt es in Deutschland rund 125 davon.

Für die Feuerbestattung müssen neben der Sterbeurkunde eine schriftliche Willenserklärung des nächsten Angehörigen oder eine Verfügung, die der Verstorbene selbst erstellt hatte, vorgelegt werden. Außerdem bedarf es einer Unbedenklichkeitsbescheinigung der Polizei auch bei natürlichem Tod.

Vor der Einäscherung findet im Krematorium eine zweite Leichenschau statt. Damit soll sichergestellt werden, dass Verbrechen in jedem Fall aufgedeckt werden. Denn Experten haben schon seit langer Zeit Zweifel daran, dass das, was auf dem Totenschein als Todesursache vermerkt ist, in jedem Fall auch die Ursache war. Nach Forschungen des Münsteraner Instituts für Rechtsmedizin ist fast jede zweite im Totenschein genannte Todesursache anzuzweifeln. Das bedeutet aber nicht, dass wir uns zu einem Volk der Mörder entwickelt haben. Die Angabe der falschen Todesursache liegt vielmehr eher daran, dass mancher Arzt den bequemen Grund »Herz- « oder »Herz-Kreislaufversagen« bescheinigt und viele alte Menschen nicht an einer bestimmten Krankheit, sondern am Verschleiß gleich mehrerer Organe (»multiples Organversagen«) sterben. Von welchem Organ dann letztlich die entscheidende Schwächung ausging, an der der Patient verstarb, ist auch durch eine Obduktion schwer festzustellen.

Trotzdem glaubt man, dass etwa 2.000 Tötungsdelikte pro Jahr nicht aufgedeckt werden. Beim Aufkommen von Verdachtsmomenten kann man körperlich Bestattete exhumieren und auch nach Jahren noch Tötungen nachweisen. Ist der Leichnam erst einmal verbrannt, ist dies hingegen kaum noch möglich.

Kleine Gemeinden verfügen fast nie über ein eigenes Krematorium, deshalb sollten Sie beachten, dass die Überführung des Verstorbenen in die nächste Großstadt zusätzliche Kosten verursacht. Die Überführungskosten in Spezialfahrzeugen werden nach Kilometern abgerechnet.

Trotz einiger Um- und Neubauten von Krematorien auf Grund der strengen Vorschriften des Bundesimmissionsschutzgesetzes gibt es vereinzelt immer noch Kapazitätsengpässe, so dass die Zeit zwischen Trauerfeier zur Einäscherung und Urnenbestattung durchaus zwei Wochen und mehr betragen kann. Allerdings gibt es auch Krematorien, die im Mehrschichtbetrieb arbeiten und allenfalls zur Hälfte ausgelastet sind. Die Bestattungsunternehmer wissen, auf welche Zeit Sie sich einstellen müssen. Die Situation in den neuen Bundesländern ist wegen der relativ größeren Zahl von Krematorien in der Regel besser als in den alten.

Falls Ihnen die Zeit bis zur Einäscherung zu lang erscheint, können Sie auch bei einem anderen Krematorium nachfragen (lassen). Es gibt keinen Ortszwang für Einäscherungen. Die letzte Reise kann auch ins Ausland gehen. In Grenznähe zu den Niederlanden oder Tschechien bieten Bestatter auch den Transport ins und die Trauerfeier im Nachbarland an. Allerdings entstehen dann möglicherweise höhere Überführungskosten, die beispielsweise in Tschechien durch die wesentlich niedrigeren Kremierungskosten wieder aufgefangen werden. Es gibt Bestatter, die Sammeltransporte im neutralen Klein-Lkw ins Nachbarland organisieren.

Die Seebestattung

Bei der Seebestattung wird nach der Einäscherung eine Urne mit der Asche dem Meer übergeben. Die Urnen für eine Seebestattung müssen aus Materialien gefertigt sein, die sich später im Meerwasser auflösen, damit sie nicht durch Fischer mit Grundnetzen wieder ans Tageslicht befördert werden können. Die Seebestattung, früher nur bei Seeleuten möglich, ist heute eine Bestattungsform, für die sich jeder entscheiden kann.

Allerdings ist es in einigen Bundesländern notwendig, dass die zuständige Ordnungsbehörde für jede Seebestattung eine Ausnahmegenehmigung erteilt. Ihr Bestatter stellt für Sie den Antrag mit der Angabe von stichhaltigen Gründen, warum der/die Verstorbene seebestattet werden wollte. Das Antragsverfahren wird vereinfacht, wenn der/die Verstorbene schon zu Lebzeiten handschriftlich unter Angabe von Ort, Datum, Unterschrift und einer Begründung festgehalten hat, dass er/sie auf See bestattet werden möchte.

Die Urnen werden – auch ohne Anwesenheit von Angehörigen – nach einer kurzen Zeremonie außerhalb der Dreimeilenzone ins Meer abgesenkt. Die Stelle, an der die Beisetzung erfolgte, wird im Schiffstagebuch schriftlich festgehalten. Die Angehörigen bekommen später einen Ausschnitt der Seekarte, auf der der Ort genau markiert ist. Falls Angehörige an der Bestattung teilnehmen wollen, ist dies möglich, kann aber die Kosten wesentlich erhöhen.

Möglicherweise findet sich gerade in kleineren Gemeinden nicht so schnell ein Bestattungsunternehmen, das mit Seebestattungen vertraut ist. Deshalb sollten Sie schon zu Lebzeiten entsprechende Erkundigungen einholen, falls Sie eine solche Bestattung wünschen. Seebestattungen werden von einigen Reedereien durchgeführt. Dabei ist es nicht nur möglich, die Urne vor Borkum der Nordsee oder vor den Kreidefelsen Rügens der Ostsee übergeben zu lassen, auch ein nasses Begräbnis in der Adria wird inzwischen angeboten. Seebestattungen in Binnengewässern – wie beispielsweise dem Bodensee – wird allerdings in naher Zukunft nicht geben. Weitere Informationen – auch über spezielle Anbieter – finden Sie im Internet, wenn Sie in Suchmaschinen den Begriff »Seebestattungen« eingeben.

Die Seebestattung entbindet die Angehörigen von allen Folgekosten und -aufwendungen. Falls Sie für sich selbst eine solche Bestattung wünschen, sollten Sie vorher unbedingt mit Ihren Angehörigen darüber reden. Denn es kann für die Hinterbliebenen auch von Bedeutung sein, die letzte Ruhestätte des Verstorbenen in erreichbarer Nähe zu haben. Trauer braucht für viele Menschen einen Ort, an dem sie trauern können und sich dem Verstorbenen nah fühlen.

Die anonyme Bestattung

Die anonyme Bestattung ist meist eine Feuerbestattung mit anschließender Urnenbeisetzung auf einem Gemeinschaftsfeld, ohne dass Einzelgrabstätten oder Grabbeete auf die Verstorbenen hinweisen. Es gibt Städte, die Gemeinschaftsdenkmäler oder Gedenktafeln als Hinweis auf die Besonderheit dieser Stätte errichten, andere Gemeinden verzichten im Sinne der Anonymität auch hierauf.

Bei dieser aus Skandinavien stammenden Bestattungsart werden der Zeitpunkt und die Stelle der Beisetzung in der Regel selbst den nächsten Angehörigen nicht bekannt gegeben, da hierin ein Widerspruch zum Prinzip der anonymen Bestattung gesehen wird. Nur die Friedhofsverwaltungen halten zur Kontrolle die notwendigen Daten in ihrem Archiv fest.

Die Zahl anonymer Bestattungen hat in den letzten Jahren deutlich zugenommen. In Deutschland gibt es auch bei dieser Bestattungsform – ähnlich wie bei der Feuerbestattung – ein Nord-Süd-Gefälle. Vor allem in Norddeutschland entscheiden sich viele Menschen dafür, ihre Angehörigen von der Grabpflege zu »entlasten«. In Hamburg wird bereits jeder Vierte anonym unter die Erde gebracht, in Augsburg sind es dagegen nur etwa 5 %.

Auch für die anonyme Beisetzung gilt: Die Trauer braucht einen Ort. Falls Sie für sich selbst eine solche Bestattungsform in Erwägung ziehen, sollten Sie deshalb wie bei einer geplanten Seebestattung vorher mit nahen Angehörigen darüber reden und Ihren Wunsch zudem schriftlich festhalten. Auch wenn Ihr Mann bzw. Ihre Frau einem solchen Wunsch zustimmt und ihn gar für sich selbst äußert, heißt das nicht, dass dies nach Ihrem Tod auch noch so ist. Es gibt Menschen, die nicht vor einer grünen Wiese stehen und sich fragen wollen, wo die Urne der oder des Verstorbenen liegt.

Allerdings gibt es in einigen Kommunen auch einen Mittelweg: die **»halbanonyme« Bestattung** bzw.

Bestattung in Gemeinschaftsgräbern mit Gestaltungselementen. Die Verstorbenen ruhen, wie unsere Bilder zeigen, nicht in erkennbar abgegrenzten Einzelgräbern, sondern auf einem bestimmten Friedhofsareal. An einer oder mehreren Stellen innerhalb dieses Bereichs wird – wie unsere Bilder auf der rechten Seite vom Hauptfriedhof in Neuss zeigen – ein großer Grabstein oder eine Steele errichtet, auf der neben den Namen auch Geburts- und Sterbetag verzeichnet sind und an denen an Gedenktagen Blumen abgelegt werden können.

Rechtliche Vorschriften bei der Wahl des Friedhofes

Grundsätzlich können Sie den Ort einer Bestattung auswählen, wenn die gesetzlichen Bestimmungen – Bestattung auf einem Friedhof oder im Meer in jeweils dafür vorgeschriebenen »Behältnissen« – berücksichtigt werden. Allerdings gibt es gewisse Einschränkungen bei der Auswahl eines Friedhofes: Manche Stadtgebiete sind in so genannte Bestattungsbezirke eingeteilt. Für die Bestattung ist dann der Friedhof zuständig, in dessen Bezirk der Verstorbene seinen letzten Wohnsitz hatte. Selbstverständlich kann auf anderen Friedhöfen bestattet werden, wenn Nutzungsrechte für eine Grabstätte auf diesem Friedhof vorliegen. In der Regel können Sie davon ausgehen, dass von einer Bezirksregelung Ausnahmen gemacht werden können und dass bei wichtigen Gründen die Friedhofsverwaltungen verhandlungsbereit sind.

So gibt es schließlich die Möglichkeit der Bestattung in einer anderen Stadt, wenn beispielsweise der Verstorbene auswärts wohnte, die Angehörigen aber noch in der ehemaligen Heimatstadt leben. Allerdings erheben manche Kommunen Zuschläge für die Beerdigung Auswärtiger. Fremdenverkehrsorte müssten sonst wahrscheinlich besonders große Friedhöfe anlegen, da so manche Urlauber dort beerdigt werden möchten, wo sie immer wieder die schönsten Wochen des Jahres verbracht haben. Freudenstadt im Schwarzwald beispielsweise berechnet einen Zuschlag von 50 % für die »Bestattung anderer Verstorbener«, die weder Einwohner der Stadt waren, noch früher in Freudenstadt gewohnt und in dieser Zeit ein Grabnutzungsrecht erworben haben.

Die Überführungskosten zu einem anderen Ort haben die Angehörigen zu tragen. Den Beerdigungsunternehmen stehen für solche Fälle spezielle Fahrzeuge zur Verfügung, die teilweise auch mit gesondertem Personenabteil ausgerüstet sind. Für die Überführung gibt es gesetzliche Vorschriften, die den Transport von Leichen aus hygienischen Gründen nur in speziell eingerichteten und ausschließlich für diesen Zweck verwendeten Fahrzeugen erlauben.

Für den Transport über die Grenzen hinweg gibt es sogar ein internationales Abkommen.

Keine Urne auf der Fensterbank

Besonderen Wünschen nach dem Ort der letzten Ruhe außerhalb von Friedhöfen wird in der Bundesrepublik bisher kaum stattgegeben. Ausnahmegenehmigungen sind zwar in manchen Landesbestimmungen vorgesehen, allerdings werden sie sehr selten erteilt. Die Beisetzung im Park hinter dem Haus war bis zur Verabschiedung des neuen nordrhein-westfälischen Bestattungsgesetzes ebenso unzulässig wie das Verstreuen der Asche auf einem Berg in den Alpen.

Das, was in Nachbarländern erlaubt und durchaus üblich ist, wird wohl auch weiterhin in den meisten Bundesländern restriktiv gehandhabt werden. Bisher darf die Asche Verstorbener in der Regel auch nur an Träger von Friedhöfen oder an Bestattungspflichtige versandt werden, denen die Beisetzung der Asche außerhalb des Friedhofs genehmigt wurde. Mit Beisetzung ist ausdrücklich nicht die Aufbewahrung im Haus gemeint. Sinn dieser Vorschrift ist es, die Totenruhe sicherzustellen.

Die Regelung ist und bleibt wohl umstritten. Von Gegnern der Beisetzungspflicht wird argumentiert, dass die seit 1934 geltende Vorschrift vor allem der Strafrechtspflege dienen sollte. Man wollte Tötungsdelikte so auch nach Jahren durch die Untersuchung der Asche aufdecken können. Doch solche Untersuchungen kommen so gut wie nicht vor. Und auch die Asche in Urnen, die auf See bestattet werden, kann nach der Versenkung ins Meer nicht mehr untersucht werden.

Inzwischen gibt es Klagen gegen die Bestattungspflicht von Urnen auf Friedhöfen, und angeblich ist in manchen beigesetzten Urnen gar keine Asche. Die wird – siehe oben – im Wohnzimmerschrank oder auf der Fensterbank aufbewahrt. Geahndet wird dies als Ordnungswidrigkeit, die mit einer Geldbuße belegt werden kann.

Der Gesetzesentwurf zum Bestattungsgesetz von Nordrhein-Westfalen sah vor, dass »das Behältnis mit der Totenasche ... Hinterbliebenen und deren Beauftragten ausgehändigt werden« darf (§ 15, Abs. 5), allerdings nur zum Zweck der Beisetzung auf einem Friedhof. Ob dieser Passus sich im inzwischen verabschiedeten Gesetz unverändert wiederfindet, war bei Redaktionsschluss zu diesem Buch nicht klar. Der Bundesverband Deutscher Bestatter e.V. sah in einer Stellungnahme zum Gesetzesentwurf »einen würdigen Umgang mit der

Totenasche und die Wahrung der Totenruhe« nicht sicher gestellt. Auch die christlichen Kirchen sind gegen eine Aushändigung der Urne an Hinterbliebene.

Wie die Ordnungsbehörden mit einer solchen Vorschrift zukünftig umgehen werden, ist auch noch offen. Vermutlich wird die Urne auf der Fensterbank wohl auch in nächster Zeit Wunschtraum mancher Angehöriger bleiben.

Realistischer ist da der Wunsch nach der letzten Ruhestätte unter einem großen Baum. Im Saarland soll man dort die letzte Ruhe künftig auch im nicht eingezäunten Wald finden können, falls ein entsprechendes Gesetzesvorhaben eine parlamentarische Mehrheit findet. Auch die Landesregierung in Baden-Württemberg will Begräbnisse im »Friedwald« ermöglichen. Die Idee kommt aus der Schweiz. Interessenten können einen Baum in freier Natur pachten, unter dem sie nach dem Tod in einer kompostierbaren Urne bestattet werden.

In Nordrhein-Westfalen ist man schon weiter als in anderen Bundesländern. Wenn Verstorbene dies testamentarisch verfügt haben, kann die Totenasche auf einem besonderen Feld des Friedhofs verstreut werden. Darüber hinaus kann die Asche unter bestimmten Voraussetzungen auch außerhalb eines Friedhofes verstreut oder beigesetzt werden, falls der Verstorbene dies so verfügt hat. Es muss die Totenwürde am Beisetzungsort gewährleistet und der Ort öffentlich zugänglich sein.

Überführung, Sargausstattung und Grabstelle

Haben Sie sich für einen Friedhof entschieden und verstarb der Angehörige in der Wohnung, können Sie nach der Festlegung der Bestattungsart die Überführung des Verstorbenen direkt zum Friedhof veranlassen. Wenn Sie bis zu diesem Zeitpunkt noch keinen Sarg aussuchen konnten, können Sie für die Überführung einen einfachen Leihsarg benutzen; die Einsargung des Leichnams geschieht dann in der Leichenhalle oder beim Beerdigungsunternehmer. Manche Unternehmer verfügen über spezielle Tragen, die den Transport durch enge Treppenhäuser oder in Aufzügen ermöglichen. Wer will schon einen Sarg aus dem 10. Stock ins Erdgeschoss tragen?

Das Waschen des Verstorbenen können die Angehörigen oder der Bestatter übernehmen. Zu diesem Zeitpunkt müssen Sie auch entscheiden, wie der Tote gekleidet werden soll, in ein Totenhemd oder in eigene Garderobe. Die Einkleidung können Sie selbst vornehmen oder dem Bestatter überlassen.

Bitte beachten Sie, dass heute aus Gründen des Umweltschutzes verstärkt darauf geachtet wird, dass nichts im Sarg aus »Plastik« ist. Totenhemd oder Totenbekleidung sollen aus natürlichen Materialien wie Wolle, Baumwolle oder Seide sein.

Die bisher beschriebene Reihenfolge können Sie auch ändern, wenn Sie Wert darauf legen, dass man den Verstorbenen sofort in den Sarg bettet, in dem er bestattet wird. Dann müssen vor der Überführung ein Sarg (für Erd- oder Feuerbestattung) beim Bestattungsunternehmer im Lager oder im Katalog ausgesucht sowie die Sargausstattung (Kopfkissen und Decke) festgelegt werden, die es in verschiedenen Ausführungen und Preisen gibt.

Bei Feuer- oder Erdbestattung in Wahlgräbern muss dann noch auf dem Friedhof eine Grabstelle ausgesucht werden. Bei der Friedhofsverwaltung können Sie Wünsche hinsichtlich der Lage des Grabes anmelden und eine Grabstelle – eventuell nach Besichtigung – auswählen. Über das Nutzungsrecht der Grabstelle wird ein Vertrag geschlossen, in dem die Anzahl der Stellen, der Zeitraum der Nutzungsrechte und etwaige Gestaltungsvorschriften vereinbart werden. Die Dauer der möglichen Nutzungsrechte unterscheidet sich von Kommune zu Kommune, aber auch innerhalb einer Stadt manchmal. Sie ist abhängig von der Bodenbeschaffenheit der Friedhöfe, die wiederum Einfluss auf die Verwesungsdauer hat.

Termine nicht immer nach Wunsch

Nach der Überführung des Verstorbenen in die Leichenhalle kann der Zeitpunkt der Bestattung festgelegt werden. Die Termine für die Bestattungen vergeben in der Regel die Friedhofs- und Krematoriumsverwaltungen. Schalten Sie einen Bestatter ein, übernimmt dieser die Terminabsprache, so dass Ihnen der Zeitpunkt nur noch mitgeteilt wird. Die meisten Bestatter klären auch die Termine mit den Pfarrämtern für den Trauergottesdienst und die Bestattung ab und stellen auf Wunsch einen Kontakt zum Pfarrer her.

Bei eigenständiger Terminabwicklung und gewünschtem kirchlichen Begräbnis benachrichtigen Sie selbst, sobald der Bestattungstermin bekannt ist, den Pfarrer, um mit ihm den Trauergottesdienst festzulegen und ihm den Beisetzungstermin mitzuteilen. Doch Vorsicht: In letzten Jahren sind viele Kirchengemeinden wegen Pfarrer- bzw. Priestermangels zusammengelegt worden, so dass Seelsorger häufig für große Gemeinden zuständig sind. Folglich haben Pfarrer einen vollen Terminkalender. Die Terminfestlegung bedarf deshalb oft mehrerer Telefonate mit allen Beteiligten.

Mit dem Pfarrer können Sie gleichzeitig auch besprechen, wann ein persönliches Gespräch über den Verstorbenen und über die Form des Gottesdienstes und des Begräbnisses bzw. der Urnenbeisetzung stattfinden kann.

In Zeiten, in denen die beiden christlichen Konfessionen mit Kirchenaustritten zu kämpfen haben, nimmt natürlich auch die Zahl der kirchlichen Beerdigungen ab. Obwohl so mancher kurz vor seinem Tod diesen Schritt bereut und gerne vom Pfarrer auf den Gottesacker begleitet werden möchte, kann dies schwierig werden, wenn der Tote kein Kirchenmitglied (mehr) war. Falls Sie für Ihre/n Angehörige/n eine kirchliche Bestattung wünschen und selbst Kirchenmitglied sind, sollten Sie zunächst einmal mit dem zuständigen Pfarrer reden.

Während früher Trauerfeiern einem festen Ritus unterlagen, gibt es heute auch bei kirchlichen Begräbnissen Einflussmöglichkeiten für die Angehörigen. So wird auch von den meisten Pfarrern akzeptiert, dass manche Angehörige keine Lieder wünschen, dass ein Angehöriger ein Musikstück spielt, dass Freunde Gedichte vortragen und andere Dinge mehr. Allerdings wird der Wunsch, mit »Time to say goodbye«, »Tears in Heaven« oder »Candle in the wind« statt mit einem Kirchenchoral oder wenigstens mit dem Requiem von Mozart verabschiedet zu werden, bei manchem Kirchenvertreter mehr als Stirnrunzeln hervorrufen. All dieses kostet für die, die aktiv werden, gerade bei einem nahen Angehörigen oder Freund viel Kraft, hilft aber auch, ganz persönlich Abschied zu nehmen.

Falls Sie keine kirchliche Beerdigung wünschen, können Sie einen freien Redner beauftragen, die Trauerrede zu halten. Beerdigungsunternehmer haben in aller Regel deren Anschrift und kümmern sich auch um eine Verpflichtung. Die Qualität der Rednerinnen und Redner ist sehr unterschiedlich, nicht anders als bei kirchlichen Rednern! Die Kosten sind es übrigens auch. Mit einem Preis zwischen 100 und 200 € zuzüglich Fahrtkosten müssen Sie rechnen. Falls Sie selbst nach Rednern suchen wollen, werden Sie eventuell bei der Bundesarbeitsgemeinschaft Trauerfeier e.V. im Internet unter www.batf.de fündig.

Ein letzter Gruß

Kränze und Sargschmuck sollten Sie nach Möglichkeit bei dem Blumengeschäft bestellen, in dem Sie auch sonst einkaufen. Da man Sie dort kennt, wird man sich viel Mühe geben, Ihre besonderen Wünsche zu erfüllen. Viele Blumengeschäfte halten Fotos von ihren Kränzen und Sarggestecken bereit oder verfügen über andere Abbildungen, so dass Sie eine Orientierungshilfe bekommen oder die eigenen Ideen vervollständigen können.

Falls Sie bestimmte Blumen wünschen, kann es vorkommen, dass sie erst beim Großhändler bestellt oder auf dem Blumengroßmarkt beschafft werden müssen. Bitte bedenken Sie außerdem, dass das Bedrucken der Kranzschleifen etwas Zeit erfordert; auch deshalb sollten Sie spätestens zwei, besser jedoch drei Tage vor der Beerdigung die Bestellung aufgeben. Falls Sie einen Kranz oder Blumen für einen Friedhof in einer anderen Stadt bestellen wollen, können Sie dies in einem Geschäft an Ihrem Wohnort tun oder sich auch direkt an ein Unternehmen dort wenden. Allerdings ist

Bestattungsvorbereitungen in der Übersicht

Benachrichtigung des Arztes
- Totenschein

→ Nahe Angehörige benachrichtigen und um Hilfe bitten
↓ Telefonische Benachrichtigung von Freunden usw.

↓

Mit Totenschein beim Standesamt
- Sterbeurkunde beantragen
- bei Feuerbestattung zusätzliche Formalitäten erledigen

(evtl. Erledigung durch Bestatter)

↓

Bestatter benachrichtigen
- Überführung zum Bestatter
- Sarg / Urne aussuchen
- Leistungsumfang festlegen

↓

Bestattungszeitpunkt abklären
- Friedhofsverwaltung
- Kirchengemeinde
- freier Redner

→ Bestattungsablauf besprechen mit
- nahen Angehörigen
- Bestatter
- Pfarrer

↓

Friedhofsverwaltung, eventuell
- Wahlgrab aussuchen
- Aufbahrung vereinbaren

→ ...

Gaststätte
- Reservierung
- Bewirtungsabsprachen
- Kostenrahmen

↓

Druckerei beauftragen
- Totenbriefe
- Sterbebilder / Totenzettel
- Umschläge vorab mitnehmen

↓

Todesanzeige aufgeben
- Text festlegen
- Größe aussuchen
- Preis nennen lassen

↓

Blumengeschäft
- Kranz / Kranzschleife
- Sarggesteck
- evtl. Schmuck Trauerhalle

↓

Lebens- / Unfallversicherung
- Benachrichtigung (Fristen!)

dann in der Regel eine Bestätigung der telefonischen Absprachen per Fax oder eine sofortige Überweisung notwendig. Inzwischen können Sie zwar Blumensträuße für Trauerzwecke online ordern, jedoch noch keine Kränze. Kondolenzsträuße gibt es online zum Beispiel für 25 bis 45 €.

Die Kosten für Kränze und Sargschmuck sind nicht nur regional verschieden, sondern richten sich natürlich auch nach Größe und Blumenwahl – Sommerblumen im Winter sind entsprechend teuer, falls überhaupt erhältlich. Mit 70 bis 90 € für einen normal großen Kranz mit Schleife müssen Sie rechnen.

Spenden statt Blumen

Häufig sieht man in Todesanzeigen, dass »anstatt zugedachter Kranzspenden im Sinne des Verstorbenen um eine Spende« für eine gemeinnützige Organisation gebeten wird. Diese Organisationen geben nach der Beerdigung eine Liste der Spender an die Angehörigen. Dabei wird die Höhe der einzelnen Spende meistens nicht genannt. Lediglich die Gesamtsumme wird mitgeteilt. Falls Sie um eine Spende bitten wollen, vergessen Sie nicht, die Organisation, die die Spenden erhalten soll, vorab darüber zu informieren! Gerade bei überregional tätigen Spendenempfängern weiß man sonst nicht, wohin man die entsprechende Liste senden soll. Die Spender selbst erhalten in der Regel eine Spendenbescheinigung, falls der Betrag eine bestimmte Größenordnung übersteigt und die Organisation als gemeinnützig anerkannt ist.

Die Anschriften der Spender werden von manchen Organisationen in die eigene Kartei aufgenommen, und diejenigen, die anlässlich einer Beerdigung gespendet haben, werden dann mehr oder weniger regelmäßig um weitere Spenden angegangen. Auch wenn diese Organisationen die Spenden nicht für sich behalten, sondern damit eine durchaus sinnvolle Arbeit finanziert wird, ist dieses Verfahren für die Spender, die im Sinne des verstorbenen Angehörigen oder Freundes gespendet haben, außerordentlich ärgerlich. Falls Sie ein solches Vorgehen vermeiden möchten, sollten Sie dies vorab der Organisation mitteilen und sich die Einhaltung Ihrer Forderung schriftlich zusichern lassen.

Falls Sie sich über die Seriosität einer Spenden werbenden Institution informieren wollen, können Sie dies beim Deutschen Zentralinstitut für soziale Fragen tun (www.dzi.de). Allerdings sind kurzfristige telefonische Auskünfte nicht möglich. Bis zu drei Anfragen nach humanitär-karitativen Organisationen können gegen dreimal 55 Cent in Briefmarken schriftlich an das DZI gerichtet werden:
DZI, Bernadottestr. 94,
14195 Berlin
Telefon (030) 839001-0
Telefax (030) 8314750
E-Mail: sozialinfo@dzi.de
Ein Formular gibt es auf der Webseite des dzi.

Bitte beachten Sie: In das Arbeitsgebiet des DZI gehören nicht die Bereiche Natur-, Tier- und Umweltschutz sowie politische, kulturelle, religiöse und sonstige weltanschauliche Organisationen.

Totenbriefe nicht zu knapp bestellen

Stehen alle Termine fest, dann können die Totenbriefe bei der Druckerei oder beim Bestattungsinstitut in Auftrag gegeben werden. Zwar haben Bestatter und Druckereien meist Beispielexemplare; in der Aufregung gibt es aber oft Entscheidungsschwierigkeiten bei der Formulierung, so dass Sie sich am besten schon zu Hause den Wortlaut des Textes überlegen. Außerdem sollten Sie sich vorab einen Überblick über die benötigte Anzahl der Karten verschaffen. Die Briefumschläge für die Karten nimmt man sinnvollerweise gleich mit nach Hause, damit die Adressen schon vorab geschrieben und die Umschläge frankiert werden können.

Die Post achtet üblicherweise darauf, dass Totenbriefe schnell befördert werden. Da Briefe heute nicht mehr im heimischen Postamt, sondern in 83 Briefzentren verarbeitet werden, wird der Inhalt der Briefkästen erst einmal zu einem Zentrum geschickt und dort verteilt. Aus diesem Grund kann es sinnvoll sein, die Briefe direkt bei der nächsten Postfiliale abzugeben, die eventuell dafür sorgt, dass die Totenbriefe die Filiale gar nicht erst verlassen und umgehend in die nächste Zustellung am Ort gehen.

Die Erfahrung zeigt, dass in der ersten Aufregung die Zahl der zu druckenden Briefe manchmal zu niedrig angesetzt wird. Deshalb sollte man etwa 25 Briefe mehr drucken lassen, als man zu benötigen glaubt. Der Mehrpreis ist sehr gering. Gleiches gilt für die Auflage von Sterbebildern bzw. Totenzetteln, die in manchen Gegenden während des Trauergottesdienstes verteilt werden.

Spätestens jetzt sollten Sie auch eine Traueranzeige in Ihrer örtlichen Tageszeitung aufgeben. Auch diese Aufgabe übernimmt auf Wunsch das von Ihnen beauftragte Bestattungsunternehmen. Mit welchen Kosten Sie dafür rechnen müssen, erfahren Sie auf Seite 65 f.

Kondolenzliste

Gerade bei Beerdigungen mit vielen Gästen verliert man schnell den Überblick, wer das letzte Geleit gegeben hat. Einige Bestatter legen deshalb vor der Trauerhalle eine Kondolenzliste aus. Neben dem Erinnerungswert hat diese auch einen praktischen Nutzen: Sie wissen, wem Sie mit einer persönlichen Karte für die Anteilnahme danken können.

»Leichenschmaus« kein Gradmesser für Trauer

Sollen die Trauergäste nach der Bestattung bewirtet werden, ist ein geeignetes Lokal auszuwählen. Den Termin reservieren Sie am besten telefonisch, noch bevor die Totenbriefe in Auftrag gegeben werden; dann können die Einladungen gleich berücksichtigt werden, entweder über einen Hinweis im Totenbrief oder durch separate Einladungskarten, die Ihnen manche Gaststätten kostenlos zur Verfügung stellen. Welche Speisen und Getränke den Trauergästen serviert werden, können Sie mit dem Wirt absprechen, wenn alle weiteren Formalitäten erledigt sind.

Generell gilt auch hier: Üppige Bewirtungen sind kein Maßstab für die Trauer. Je nach Tageszeit sollten Sie jedoch überlegen, was gereicht wird. Eine Tasse Suppe findet besonders an kalten Tagen in der Mittagszeit sicher mehr Anklang als ein Stück Kuchen.

Zögern Sie nicht, der Wirtin oder dem Wirt zum Beispiel über den Ausschank mit Alkoholika eindeutige Vorgaben zu machen. Zwar ist sicher nichts dagegen einzuwenden, wenn nach einem Begräbnis im Winter auch ein Schnaps angeboten wird, aber schon mancher Leichenschmaus ist zum Ärger naher Angehöriger dank erheblichen Alkoholgenusses der Trauergemeinde in eine lustige Feier ausgeartet.

Anders sollten Sie nur dann entscheiden, wenn die oder der Verstorbene frei nach Jacques Brel gewünscht hat,

»... ich will Gesang, will Spiel und Tanz, will, dass man sich wie toll vergnügt, ich will Gesang, will Spiel und Tanz, wenn man mich unter'n Rasen pflügt ...«

3
Die Kosten der Bestattung

VORÜBER! ACH, VORÜBER!
GEH, WILDER KNOCHENMANN!
ICH BIN NOCH JUNG, GEH, LIEBER!
UND RÜHRE MICH NICHT AN.

Matthias Claudius,
»Der Tod und das Mädchen«

Teures Sterben?

»Nichts ist umsonst, noch nicht einmal der Tod«, lästert der Volksmund über zum Teil horrende Kosten für eine Beerdigung. Schon »einfache« Beerdigungen schlagen mit 2.000 bis 4.000 € zu Buche. Und Begräbniskosten von mehr als 10.000 € kommen heutzutage durchaus vor.

Zwar werden ältere Menschen, die sich Sorgen um die Kosten machen, von nahen Angehörigen immer wieder damit beruhigt, dass »noch jeder unter die Erde gekommen ist«, doch die Sorgen haben bei manchen Menschen angesichts weiter steigender Preise und Gebühren durchaus ihre Berechtigung.

Um einen Eindruck von den anfallenden Ausgaben zu bekommen, sollten Sie sich all die Kostenbereiche vergegenwärtigen, die bei einer Bestattung von Bedeutung sein können:

- Das sind zunächst einmal **private Kosten** für Trauerkleidung, Todesanzeige, Totenbriefe, Blumen bzw. Kränze und die Bewirtung nach der Beisetzung (siehe Seite 65 ff.).
- Hinzu kommen die **Kosten für den Bestattungsunternehmer** für die Erledigung von Formalitäten, das Waschen, Einkleiden, und Überführen der Leiche, den Kauf des Sarges usw. (siehe Seite 43 ff.).
- Nicht zu vernachlässigen sind auch **kommunale Abgaben** wie Grabnutzungsgebühren und Bestattungsgebühren (siehe Seite 53 ff.).
- Und nach der Beerdigung kommen Kosten für **Grabpflege** und eventuell für einen Grabstein auf Sie zu (siehe Seite 81 ff.).

Preiswerte Bestattungen auch heute noch möglich

Schon diese grobe Übersicht verdeutlicht, dass die Gesamtkosten von individuellen Entscheidungen der Hinterbliebenen abhängig sind. Nicht alle Kosten sind unvermeidbar. Es gibt nur wenige ausgabenrelevante Dinge, die gesetzlich vorgeschrieben sind. Diese Vorschriften beinhalten gewisse Anforderungen an den Transport von Leichen, an die Verwendung von Särgen und die Beschaffenheit sowie die Maße der Särge.

Ob man aber einen Bestattungsunternehmer einschaltet oder nicht (auch heute noch kann man – wie bereits erwähnt – eine Bestattung zumindest zum Teil allein abwickeln), die Angehörigen nach der Bestattung bewirtet, die Trauerhalle benutzt, einen geschnitzten oder einen schlichten Sarg kauft, all dies ist individuell zu entscheiden.

Individuelle Gestaltungsmöglichkeiten und damit unterschiedlicher finanzieller Aufwand sind ein Grund dafür, dass es so schwierig ist, einen genauen Überblick über die Bestattungskosten zu geben. Bei näherer Betrachtung findet man aber noch viel mehr Gründe, die eine Kostenschätzung erschweren. So gibt es bei den Bestattungsunternehmern in Deutschland, wie in anderen Dienstleistungsbereichen auch, preiswerte und weniger preiswerte Anbieter. Die Festlegung der Preise für seine Dienstleistungen oder auch Produkte (zum Beispiel Särge) obliegt dem einzelnen Bestattungsunternehmer; insofern können erhebliche Preisdifferenzen auftauchen. Darüber hinaus steigen die Kosten natürlich mit dem Umfang der in Anspruch genommenen Dienstleistungen.

Kosten des Bestattungsunternehmers

In aller Regel wird die komplette Abwicklung der Beisetzung einem der rund 3.800 Bestattungsunternehmer in der Bundesrepublik übertragen. Die kümmern sich, wenn Sie wollen, schlichtweg um alles, nehmen Ihnen die Formalitäten mit der Kommune ab, bestellen die Trauerfeier in der Kirche, sorgen für einen Beerdigungstermin, übernehmen den Transport des Toten, verkaufen Sarg und Totenkleid, lassen die Trauerbriefe drucken oder drucken sie selbst, schalten die Anzeige in der Tageszeitung, sorgen für das Schmücken von Kapelle und Grab – falls dies nicht schon die Gemeinde macht –, besorgen einen Bus für die Fahrt zwischen Kirche und Friedhof und rechnen schließlich auch mit Krankenkasse oder anderen Versicherungen ab. Ein Komplett-Service, der seinen Preis hat.

Gewinnorientiertes Gewerbe

Insbesondere die »Abwicklung der Formalitäten« ist während des großen Schmerzes über den Verlust eines Menschen für die Betroffenen eine große Hilfe. Natürlich muss man nicht alles einem Beerdigungsunternehmer übertragen. Wenn Sie zumindest einiges selbst oder durch Freunde erledigen lassen wollen, können und sollten Sie dies tun.

Preisvergleiche lohnen sich nicht nur im Leben, sondern auch »darüber hinaus«. Doch während Sie beim Kauf von Kleidung, Auto oder anderen Dingen überlegen, vergleichen und dann erst entscheiden, werden Sie beim Tod eines nahen Angehörigen kaum mehrere Bestattungsunternehmen am Ort zu Vergleichsangeboten auffordern wollen. Das machen sich einige, wenn auch längst nicht alle Bestatter zunutze, die sich ihren krisensicheren Job gut honorieren lassen.

Bei Bestattungsunternehmen handelt es sich in der Regel um reine Handels- und Dienstleistungsgeschäfte. Der Schreiner, der Särge in Eigenproduktion herstellt und zudem ein Bestattungsinstitut betreibt, ist so gut wie ausgestorben. Die Konzentration hat auch vor diesem Gewerbe nicht Halt gemacht. Zwar sind viele Unternehmen nur an einem Ort ansässig, doch inzwischen gibt es auch Großunternehmen, die bis zu 200 Niederlassungen betreiben.

Bestattungsunternehmen sind in aller Regel Privatunternehmen. Kommunale Bestatter gibt es noch in München, Nürnberg und Stuttgart, allerdings haben sie kein Monopol, wie beispielsweise die »Bestattung Wien GmbH«, die als Tochterunternehmen der Stadtwerke als einzige in Österreichs Hauptstadt die Toten unter die Erde bringen darf.

Dies alles bedeutet, dass die Handelsspannen und damit die Preise, die der Kunde zu zahlen hat, sehr unterschiedlich sein können. Hier kann es Verhandlungsspielräume geben, die man nutzen sollte. Da in einer Trauersituation die wenigsten in der Stimmung sind zu handeln, empfiehlt es sich, das Preisgespräch von einem Bekannten führen zu lassen.

Tritt der Todesfall in Krankenhäusern oder Altenheimen ein, werden manchmal durch das Personal Empfehlungen für bestimmte Bestattungsunternehmen gegeben. Sie sollten bedenken, dass solche Empfehlungen auf keinen Fall darauf schließen lassen, dass es sich hier um besonders preiswerte Unternehmen handelt. Es hat schon Fälle gegeben, in denen die »Ratgeber« Vermittlungsprovisionen vom Bestatter für ihre Empfehlungen kassierten.

Preise differieren erheblich

Preiserhebungen bei Bestattern sind nicht ganz einfach. Da natürlich kein Unternehmen gezwungen werden kann, sich an einer solchen Erhebung zu beteiligen, ist die Zahl der Antworten auf entsprechende Anfragen nicht gerade hoch. Die Resonanz auf solche Erhebungen nach einer Veröffentlichung ist da oft schon größer. Kein Wunder: Bei kaum einer anderen Branche finden sich so große Preisunterschiede. Das fängt beim Sarg an. Den braucht heute – fast – jeder, auch wenn er die letzte Ruhe in der Urne finden will. Auch Muslime müssen in vielen Bundesländern eigentlich in der »Holzkiste« beerdigt werden, obwohl deren Glaube eine Bestattung in Leinentüchern mit dem Haupt gen Mekka vorschreibt. Inzwischen erteilen einige Friedhofsverwaltungen großer Städte jedoch in solchen Fällen Ausnahmegenehmigungen. Das ab 1. September 2003 gültige neue Bestattungsgesetz in Nordrhein-Westfalen verzichtet auf einen Sargzwang und überlässt es den Friedhofsträgern, diese Frage in ihren Satzungen zu regeln.

Auch für Christen war die Beerdigung im Sarg nicht immer selbstverständlich. Bis ins 19. Jahrhundert war der ein Privileg der Oberschicht, die ihn zur Repräsentation und zur Verkündigung ihrer christlichen Hoffnung prächtig schmückte. Für alle Schichten üblich wurden Särge erst mit Aufkommen der Leichenhäuser.

Ein Kiefernsarg kann mit 261 oder auch mit 1.534 € zu Buche schlagen (siehe Tabelle Seite 48). Zwar werden beide Särge nicht gleich sein, ob jedoch ein solcher Preisunterschied gerechtfertigt ist, scheint zumindest fraglich. Außer aus Kiefer werden Särge aus Eiche, Mahagoni, Pappel oder auch aus Kirschbaum angeboten. Särge gibt es – ähnlich wie bei Möbeln – nicht nur aus Vollholz, sondern auch furniert. Zudem kann beispielsweise ein Kiefersarg auch mit der Farbe »Eiche imitiert« angeboten werden. Damit die Verwandtschaft nicht merkt, was man zahlen kann – oder will.

Häufig können Sie zwischen verschiedenen Modellen aus dem gleichen Holz wählen. Ein reich verzierter Sarg mit Rosen- oder Palmenschnitzung oder ein »Designer-Sarg«, der nur in kleinen Mengen hergestellt wird, ist teurer als ein schlichtes Modell. Auf so genannte Designer-Särge – meist ohne jeden Schnörkel – wird inzwischen öfter zurückgegriffen. Unsere Bilder zeigen ein solches Schmuckstück, das während des Tags der offenen Tür eines Neusser Bestattungsunternehmens gezeigt wurde.

Sie haben also die Qual der Wahl. Falls Sie aus einem Musterbuch einen preiswerten Sarg auswählen, und der Bestatter Ihnen sagt, dass der dann zur Zeit kurzfristig nicht zu beschaffen ist, sollten Sie misstrauisch werden und standhaft bleiben. Da Särge heute nicht mehr vom Bestatter selbst geschreinert werden, ist es zwar nicht ganz auszuschließen, dass der gewünschte Typ gerade nicht lieferbar ist, möglicherweise ist es aber nur ein Vorwand, um den Umsatz nach oben zu treiben.

Denn Bestatter verdienen nicht nur an ihrer Dienstleistung, sondern auch an Särgen. Die Handelsspanne, das heißt die Differenz zwischen Einkaufspreis bei einer Sargfabrik und Verkaufspreis, kann bis zu 400 % betragen, auch wenn das wohl nicht der Regelfall ist!

Billiger wäre natürlich der Sparsarg, den Kaiser Joseph II. einst in Österreich einzuführen versuchte: Der spartanische Holzsarg ließ sich über dem offenen Grab nach unten öffnen, so dass der Tote ohne letzte Behausung in die Grube fiel. Der Sarg wurde anschließend wieder verwendet. Für diese Fürsorge ihres geliebten Kaisers – der damit vermeiden wollte, dass sich die Österreicher für eine Beerdigung verschuldeten – hatten die Untertanen allerdings nur wenig Verständnis, so dass nach einiger Zeit wieder Särge in die Gruben gesenkt wurden.

Weder dieses Modell »K.u.K.-Sparsarg« werden Sie im Angebot finden noch »Ökosärge« aus Pappe (z. B. Peace Box aus 60 % chlorfrei recycletem Altpapier und 40 % Zellulose), die immer mal wieder in den Medien erwähnt, in Deutschland jedoch von den meisten Bestattern nicht verkauft werden. Dagegen wird für alle, die auch nach dem Tod die Umwelt schützen wollen, ein Naturfaser-Sarg aus gepressten Flachsabfällen angeboten. Auch er dürfte – genau wie die Peace Box – jedoch nicht in allen Bundesländern zugelassen sein, denn in manchen Ländergesetzen wird vorgeschrieben, dass die Särge aus Holz sein müssen. In Hamburg muss es gar Vollholz sein. Aus ökologischen Gründen ist dies allerdings kein Problem. Für die Sargfabrikation stirbt der Regenwald nicht. Berechtigterweise betont die Branche, dass für Holzsärge keine Wälder abgeholzt werden, sondern weitgehend Holz

Bestatterleistungen damals und heute

Preise im Jahr 1999[1] für ...	geringster Preis	höchster Preis
Kiefernsarg	261 €	1.534 €
Eichensarg	563 €	2.480 €
Erledigung von Formalitäten	6 €	205 €
Einkleidung/Einbettung	30 €	225 €
Deko/Sargschmuck	16 €	471 €
Überführung Friedhof	18 €	282 €
Überführung Krematorium	26 €	461 €

Auszug aus den Gebühren der Beerdigungsklasse V[2] für Erwachsene 1907 in München

4 Leichenträger	*5 M*
Sarg bis 190 cm Länge	*12 M*
Leichensaalbenützung	*1 M*
Geläute	*50 Pfg.*
... (weitere Kosten)	*27 M*
Summe	*45 M 50 Pfg.*

[1] Quelle: »test« 10/1999, S. 19 ff. und eigene Recherchen 2003
Bitte beachten Sie: Die hohe Schwankungsbreite der genannten Preise ist auch durch Qualitäts- und Leistungsunterschiede bedingt.

[2] Quelle: »Kiste, Kutsche, Karavan«, Sonderausstellung des Museums für Sepulkralkultur, Kassel, 1999
Klassenbegräbnisse dienten nicht der Verfestigung von Klassenunterschieden, sondern sollten aus sozialer Fürsorge für die Hinterbliebenen Bestattungsluxus Einhalt gebieten.

aus Durchforstungsmaßnahmen genutzt wird.

Zwar ist es nicht üblich, Särge selbst zu gestalten, ausgeschlossen ist es aber auch nicht. Wenn die Enkel den Sarg von Opa, der als Hobby-Archäologe Ägypten-Fan war, mit Pyramiden, Palmen und Kamelen bemalen wollen, spricht vom Prinzip her nichts dagegen. Sie müssen nur einen verständnisvollen Beerdigungsunternehmer finden, der die Bemalung im Unternehmen ermöglicht. Nicht nur Särge, auch Urnen werden inzwischen bemalt.

Ähnliche Preisdifferenzen wie für Särge finden sich auch bei der Sargausstattung und bei der Ausschmückung der Trauerhalle.

Die Preisunterschiede haben unterschiedliche Ursachen. Zum einen gibt es unterschiedliche kommunale Gegebenheiten und regionale Riten, zum anderen aber auch schlichtweg billige und teure Anbieter. Seit einigen Jahren haben sich in einigen Großstädten Beerdigungs-Discounter niedergelassen. Sie werben mit besonders günstigen Preisen. Ob Werbung und Wirklichkeit in jedem Fall übereinstimmen, kann nur am Ort selbst geklärt werden. Der Namenszusatz »Discount« allein bürgt nicht für Preisgünstigkeit! Lassen Sie sich vor einem Auftrag unbedingt eine Aufstellung über die Leistungen geben.

Mit welchen Preisen man rechnen muss, zeigt die Tabelle »Bestatterleistungen damals und heute« auf der Vorseite. Wer die Preisspannen betrachtet, kann über die großen Differenzen nur staunen. Zwar wird auch die Leistung bei dem billigsten im Vergleich zum teuersten Angebot nicht identisch sein, trotzdem dürften auch bei unterschiedlichem Leistungsumfang solch große Differenzen kaum gerechtfertigt sein.

Pietät und Takt auch bei der Rechnung?

Gerade weil die Kunden im Regelfall nicht in der Lage sind, Preisverhandlungen zu führen und Produkte zu vergleichen, sind sie auf die Vorschläge und das Wissen des Bestattungsunternehmers angewiesen. Daher sollte man vom Bestattungsunternehmer nicht nur Pietät, sondern auch im besonderen Maße Seriosität erwarten können, die das

Feuerbestattung von		
Unsere Leistung		
71 km Überführung zum Krematorium	183,62 €	
Einsargung	51,88 €	
Träger bei Abholung	46,55 €	
Desinfektionsmittel	7,72 €	
Desinfektionshandschuhe	7,83 €	
Erledigung der Formalitäten	38,79 €	
Bearbeitungskosten für Fremdaufträge (Blumen usw.)	60,34 €	
Abrechnung mit Kassen und Versicherungen	103,45 €	
Vorbereitung und Organisation der Trauerfeier	30,17 €	
Betreuung und Dienste am Friedhof	60,34 €	
Kiefernsarg 24mm, Borde, hell, 4 Griffe	732,76 €	
Garnitur Damast, gesteppt mit Spitze	125,00 €	
Sargausschlag / Polster	77,59 €	
Damen Talar Zellwoll-Linon, weiß umweltverträglich	34,48 €	
Kerzen/Zubehör	14,66 €	
Hallendekoration 4 Bäume (leihweise, An- und Abtransport))	42,06 €	
Zwischensumme	1.617,24 €	
16 % Mehrwertsteuer	258,76 €	
Summe 1		**1.876,00 €**
Auslagen		
50 Trauerkarten mit gefütterten Umschlägen	103,45 €	
50 Sterbebilder farbig doppelt mit Bild	112,07 €	
Zwischensumme	215,52 €	
16 % Mehrwertsteuer	34,48 €	
Summe 2		**250,00 €**
Sargbukett/Kränze/Blumen lt. Auftrag	186,92 €	
7 % Mehrwertsteuer	13,08 €	
Summe 3		**200,00 €**
Leistungen der Gemeinde (verauslagt in Ihrem Auftrag)		
5 Sterbeurkunden	18,00 €	
Gebühr Stadt für Feuerbestattung oder Trauerfeier	580,00 €	
Leichenwärterdienst bei Überführung	35,00 €	
Grundgebühr Gemeinde	125,00 €	
Kühlung	60,00 €	
Reinigung der Leichenhalle	30,00 €	
Summe 4		**848,00 €**
Gesamtsumme:		**3.174,00 €**

Vertrauen in den Rat und die Vorschläge des Unternehmers rechtfertigen. Leider gehen zumindest einige schwarze Schafe der Branche davon aus, dass Trauer den Blick trübt. Denn die Abrechnung entspricht nicht immer der honoriger Kaufleute. Da taucht beispielsweise das Kreuz auf der Rechnung auf, das auf dem Sarg fehlte, da werden für ein paar Kilometer zu hohe Überführungskosten berechnet, oder »aus Versehen« wird eine teurere Urne in Rechnung gestellt als die bestellte. Und ob der Tote das letzte Hemd aus Seide trägt, das später teuer bezahlt werden muss, überprüfen nur wenige, da der Sarg in vielen Fällen geschlossen bleibt. Natürlich muss dies alles nicht Absicht sein – wer arbeitet schon fehlerfrei –, doch es gibt auch ein paar Bestatter, die gerne heftig zulangen, bis nach einiger Zeit die Staatsanwaltschaft endlich Einhalt gebietet. Und die damit eine ganze Branche in Verruf bringen.

Gründe für solche ärgerlichen Machenschaften gibt es mehrere: Der Beruf ist zwar krisensicher, doch der Konkurrenzkampf ist vor allem im Osten Deutschlands hart. Da eine Ausbildung nicht notwendig ist – jeder kann für 15 bis 20 € bei der Kommune ein entsprechendes Gewerbe anmelden – gibt es auch keine Zulassungen oder Überprüfungen, was der Berufsverband seit langer Zeit bemängelt.

Einige Bestatter haben sich deshalb durch eine vor der Handwerkskammer auf Basis von § 46 Abs. 1 Berufsbildungsgesetz abgelegte freiwillige Prüfung qualifiziert. Diese Fachprüfung wurde als Abschluss einer im Einzelnen festgelegten Ausbildung geschaffen. Bestatter, die diese Prüfung bestanden haben, können nach Verbandsangaben »... in ihrem Unternehmen im besonderen die fachliche Qualifikation bieten, die Hinterbliebenen umfassend zu beraten.« Die Unternehmen werben damit, »fachgeprüfter Bestatter« zu sein. Die Prüfung wird von den Handwerkskammern Berlin, Düsseldorf, Hannover und Würzburg abgenommen.

Unbedingt Rechnung prüfen

Was bei einer Handwerkerrechnung selbstverständlich ist, sollte auch hier gelten: Vergleichen Sie die Bestattungsrechnung genau mit den vor dem Auftrag gemachten Angaben, und lassen Sie sich vor allem die Rechnungen für Fremdleistungen (Druckerei, Tageszeitung, Busunternehmer, Blumengeschäft usw.) in Kopie geben. Zwar kostet dieser Auftragsservice des Bestattungsunternehmers auch Geld, doch das Honorar dafür sollte eigentlich nicht in die Kosten für die Fremdleistungen eingerechnet, sondern extra ausgeworfen werden. Bei Prüfung der Rechnung sollten Sie auch kontrollieren, ob für solche Fremdkosten nur die Nettobeträge (ohne Mehrwertsteuer) angesetzt wurden, auf die dann die Mehrwertsteuer wieder aufgeschlagen wird. Lautet beispielsweise die Rechnung des Blumengeschäfts auf 186,92 € plus 7 % Mehrwertsteuer, dann darf in der Abrechnung des Bestatters nicht die Summe von 200,00 € in Rechnung gestellt werden, auf die er dann noch einmal 16 % Mehrwertsteuer aufschlägt!

Seriöse Bestatter händigen ihren Kunden nach dem Gespräch über die Bestattung eine Auftragsbestätigung mit Preisangaben aus, so dass die Rechnungskontrolle einfach ist.

Gelegentlich wird beklagt, dass Bestatter vorab zur Kasse bitten. Dabei geht es in aller Regel um einen Abschlag auf die Gesamtkosten. Gerechtfertigt erscheint dies nur dann, wenn der Bestatter für Fremdkosten erheblich in Vorleistung tritt. Dies kann zum Beispiel der Fall sein, wenn die Stadt oder auch Kirchengemeinde Verwaltungsgebühren zum Erwerb einer Grabstätte oder für die Durchführung einer Einäscherung nicht dem Zahlungspflichtigen – sprich den Hinterbliebenen – sondern dem Bestatter als Auftraggeber in Rechnung stellen.

Für eigene Dienstleistungen des Bestatters, also für Einsargung, Transport, Beerdigung usw. sollten Sie solche Abschlagszahlungen nicht akzeptieren. Verweist das Unternehmen bei der Abschlagsforderung auf seine Allgemeinen Geschäftsbedingungen (AGB) sind die nur rechtsgültig Vertragsbestandteil geworden, wenn Sie vor Vertragsabschluss deutlich darauf hingewiesen worden sind und die Möglichkeit hatten, von deren Inhalt Kenntnis zu nehmen. Ein Aushang in den Büroräumen des Bestatters reicht nicht aus!

Die Rechnung sollten Sie allerdings auch zügig zahlen, falls sie korrekt ist. Schließlich hat der Bestatter seine Leistung erbracht und kann nun auch eine Honorierung ohne Verzögerung erwarten. Spätestens vier Wochen nach Rechnungsstellung sollte der Betrag beim Bestatter eingegangen sein.

Kommunale Gebühren mit erheblichen Differenzen

Auch der Bereich der kommunalen Abgaben ist kaum überschaubar. Bei den Friedhofsverwaltungen findet man eine ausgeprägte Gebührenvielfalt. Welche Leistungen bezahlt werden müssen und in welcher Höhe sich die Kosten für einzelne Leistungen bewegen, ist von Stadt zu Stadt unterschiedlich. Um genaue Preisangaben machen zu können, wäre es notwendig, für jede Stadt und jede Gemeinde die Gebührenordnung einzeln zu ermitteln.

Bei den kommunalen Gebühren gibt es zwei Gruppen:

- Grabnutzungsgebühren und
- Bestattungsgebühren.

Grabnutzungsgebühren

Vielfach wird auch heute noch – wie bereits erwähnt – davon gesprochen, Gräber zu kaufen. Das klingt nach Eigentum an der letzten Ruhestätte auf ewige Zeiten; in der Regel handelt es sich jedoch nur um ein Nutzungsrecht für eine bestimmte, manchmal wählbare Dauer. Die Zeitspannen liegen häufig bei 20 oder 30 Jahren, es gibt jedoch auch Ruhezeiten von 7, 10, 15 und 25 Jahren. Nach Ablauf dieser Zeit fällt das Grab an die Friedhofsverwaltung, das heißt die Kommune oder auch die Kirchengemeinde, zurück oder kann zumindest bei Wahlgräbern erneut durch den letzten Nutzer erworben werden. Soll vor Ablauf der Nutzungszeit eine erneute Bestattung in einem mehrstelligen Grab erfolgen, muss das Nutzungsrecht für die gesamte Grabstätte neu erworben werden, wobei der noch nicht genutzte, aber bereits gezahlte Zeitraum angerechnet wird.

In manchen Städten gibt es je nach Grabtyp oder auch Friedhof unterschiedlich lange Laufzeiten. Bei Wahlgräbern ist die Dauer der Vergabe manchmal fünf oder zehn

Jahre länger als bei Reihengräbern und damit natürlich auch teurer.

Die meisten Friedhofsordnungen sehen vor, dass ein Nutzungsrecht an einer Grabstätte auf Antrag an Familienangehörige übertragen werden kann.

Die Höhe der Grabnutzungsgebühren richtet sich nicht nur nach der Länge der Nutzungsdauer, sondern auch nach der Art der Grabstätte. Man unterscheidet

- Reihengrabstätten (Erdreihengrab),
- Wahlgrabstätten (Erdwahlgrab),
- Urnen-Reihen- und
- Urnen-Wahlgrabstätten sowie
- anonyme Grabstätten, sowohl für Sarg- als auch für Urnenbestattungen.

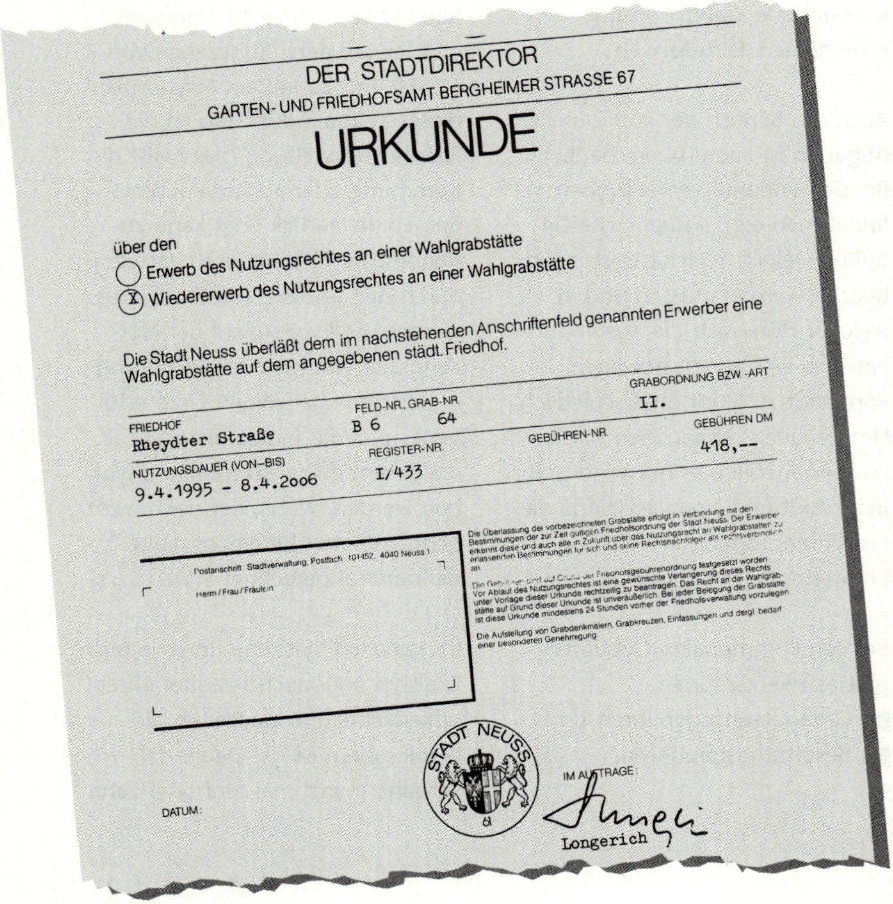

DER STADTDIREKTOR

GARTEN- UND FRIEDHOFSAMT BERGHEIMER STRASSE 67

URKUNDE

über den

◯ Erwerb des Nutzungsrechtes an einer Wahlgrabstätte

(X) Wiedererwerb des Nutzungsrechtes an einer Wahlgrabstätte

Die Stadt Neuss überläßt dem im nachstehenden Anschriftenfeld genannten Erwerber eine Wahlgrabstätte auf dem angegebenen städt. Friedhof.

FRIEDHOF	FELD-NR., GRAB-NR.		GRABORDNUNG BZW. -ART
Rheydter Straße	B 6 64		II.
NUTZUNGSDAUER (VON–BIS)	REGISTER-NR.	GEBÜHREN-NR.	GEBÜHREN DM
9.4.1995 - 8.4.2006	I/433		418,--

Postanschrift: Stadtverwaltung, Postfach 101452, 4040 Neuss 1

Herrn / Frau / Fräulein

Die Überlassung der vorbezeichneten Grabstätte erfolgt in Verbindung mit den Bestimmungen der zur Zeit gültigen Friedhofsordnung der Stadt Neuss. Der Erwerber erkennt diese und auch alle in Zukunft über das Nutzungsrecht an Wahlgrabstätten zu erlassenden Bestimmungen für sich und seine Rechtsnachfolger als rechtsverbindlich an.

Die Gebühren sind auf Grund der Friedhofsgebührenordnung festgesetzt worden. Vor Ablauf des Nutzungsrechtes ist eine gewünschte Verlängerung dieses Rechts unter Vorlage dieser Urkunde rechtzeitig zu beantragen. Das Recht an der Wahlgrabstätte auf Grund dieser Urkunde ist unveräußerlich. Bei jeder Belegung der Grabstätte ist diese Urkunde mindestens 24 Stunden vorher der Friedhofsverwaltung vorzulegen.

Die Aufstellung von Grabdenkmälern, Grabkreuzen, Einfassungen und dergl. bedarf einer besonderen Genehmigung.

STADT NEUSS

DATUM:

IM AUFTRAGE:

Longerich

Letztere sind aber in Städten bis zu 50.000 Einwohnern selten und manchmal nur für Urnenbeisetzungen vorgesehen. Inzwischen gibt es vereinzelt auch Kolumbarien (oberirdische Grabkammern) – die Italien- oder Spanienreisende von den dortigen Friedhöfen kennen – sowohl für Särge als auch für Urnen. Dort werden die Särge in speziellen Kammern direkt neben- und übereinander eingestellt. Die Preise liegen je nach Ruhezeit zwischen 550 und 2.750 €.

Bei Reihen- und Urnenreihengrabstätten bestimmt die Friedhofsverwaltung den Ort der Bestattung, bei Wahlgrabstätten kann man selbst wählen.

Wichtige Anhaltspunkte für die Kosten des Erwerbs eines Nutzungsrechts können Sie den Tabellen für kommunale Grabnutzungsgebühren auf den Seiten 54 bis 55 entnehmen. Die genannten Preise beziehen sich in der Regel auf einstellige Grabstellen und enthalten – außer bei anonymen Grabfeldern – keine Grabpflege. Die Kosten für die Benutzung der Friedhofseinrichtungen haben wir eingerechnet, falls sie – wie in Frankfurt am Main – gesondert berechnet werden. Da manche Friedhofsträger zwischen Verstorbenen unter und über fünf Jahren differenzieren, haben wir uns auf die Kosten für die letztgenannte wesentlich größere Gruppe beschränkt. Bei der Angabe der Höchstgebühren für Urnen-Wahlgrabstellen kann es sich auch um zwei- bis vierstellige Gräber handeln. Da das Nutzungsrecht an einstelligen Urnengräbern in einigen Kommunen nicht vergeben wird, haben wir die Daten dann nicht auf eine Stelle umgerechnet, da grundsätzlich ein mehrstelliges Grab »erworben« werden muss. Manche Städte verfügen über mehrseitige Gebührenordnungen. Aus Gründen der Übersichtlichkeit mussten wir uns auf die Wiedergabe einiger wichtiger Daten beschränken.

Die Erhebung erfolgte im Frühjahr des Jahres 2002 und wurde durch Stichproben im Jahr 2003 überprüft. Die Erfahrung zeigt, dass Friedhofsgebührenordnungen oft mehrere Jahre Bestand haben und nicht Jahr für Jahr der allgemeinen Kostenentwicklung angepasst werden.

Kosten für Nutzungsrechte an Gräbern ausgewählter Städte in Euro

Stadt	Erdreihengrab geringste	Erdreihengrab höchste	Erdwahlgrab geringste	Erdwahlgrab höchste	Erdgrab anonym
Berlin-Neukölln	–	153,40	807,80	2.505,40	358,00
Bremerhaven	–	450,00	900,00	1.350,00	–
Cottbus	506,18	715,81	1.842,00	6.000,00	715,81
Dortmund	–	1.173,00	–	1.835,00	–
Dresden	–	388,38	–	518,76	–
Düsseldorf	860,00	1.290,00	–	1.710,00	1.590,00
Frankfurt/Main	–	470,45	–	–	–
Freiburg	143,76	375,64	702,60	1.061,85	375,64
Freudenstadt	–	480,00	540,00	850,00	–
Hamburg-Harburg	–	631,00	775,00	1.900,00	631,00
Hannover	–	1.120,00	1.866,00	2.331,00	1.288,00
Husum (Ev.Kirche)	–	409,03	485,73	610,00	409,03
Jena	–	767,00	–	1.156,25	–
Kiel	459,00	1.033,00	1.035,00	2.362,50	–
Koblenz	485,00	885,00	1.710,00	2.880,00	–
Köln	–	1.358,00	–	1.371,00	–
Lehrte	800,00	4.550,00	–	1.300,00	–
Leipzig	–	450,00	–	818,00	767,00
Lübeck	–	890,00	1.290,00	1.935,00	–
Lutherstadt Wittenb.	–	751,00	786,00	912,50	–
Magdeburg	–	718,00	–	1.180,00	–
Mainz	218,00	1.073,00	2.147,00	2.479,00	–
München *	–	–	560,00	2.760,00	–
Neubrandenburg	–	511,00	856,00	1.424,00	–
Oldenburg(Oldb.)	–	833,00	–	1.001,00	833,00
Passau	–	1.000,00	1.000,00	1.180,00	1.000,00
Saarbrücken	–	540,00	–	1.500,00	–
Schwerin	–	987,50	1.234,50	3.333,50	3.160,50
Suhl	–	637,00	727,00	870,67	–
Trier	–	1.163,00	–	1.457,00	–
Usedom	–	400,00	–	475,00	–

Bitte beachten Sie beim Vergleich der Daten unsere Hinweise auf Seite 53 sowie die zum Teil unterschiedlichen Ruhefristen. Wir haben jeweils die geringsten und die höchsten Gebühren angebeben. Ist nur ein höchster Wert eingetragen, wurde uns dieser einheitliche Preis genannt. Bei Städten mit Jahresgebühr – wie München – haben wir eine Nutzungszeit von 20 Jahren angenommen, um den Vergleich zu erleichtern.

Urnen-eihengrab geringste	Urnen-reihengrab höchste	Urnen-wahlgrab geringste	Urnen-wahlgrab höchste	Urnen-grab anonym	Nutzung Erdgrab Jahre	Nutzung Urnengrab Jahre	Krematorium z.T.ohne Leichenschau
–	117,60	–	542,00	153,40	20	20	
–	350,00	700,00	2.800,00	175,00	25	25	302,00
–	204,52	153,39	409,03	204,52	20/30	20/30	–
–	–	475,00	1.124,00	475,00	25/30	20/30	266,00
–	273,54	279,73	301,46	–	20	20	168,73
–	770,00	–	–	890,00	20/25/30		202,00
296,59	398,85	–	–	–	20	20	357,90
–	171,13	–	580,05	171,13	15	15	368,91
–	195,00	–	–	–	25	15	–
–	358,00	450,00	1.425,00	358,00	25	25	–
–	785,00	1.138,00	1.511,00	542,00	20	20	–
–	–	–	255,65	409,03	25	25	–
–	220,00	–	397,50	302,00	25	15	191,00
–	406,00	715,00	2.070,00	524,00	25	20/25	281,00
–	–	1.020,00	3.000,00	340,00	15/20/25/30	20	335,00
–	–	–	1.347,00	1.083,00	25/30	25	206,00
500,00	1.700,00	800,00	1.000,00	1.700,00	k.A.	k.A.	–
–	199,00	–	588,00	488,00	20	20	215,00
–	706,00	924,00	1.386,00	635,00	20	20	410,50
–	521,00	543,00	669,50	507,50	20	20	–
–	434,00	–	679,00	807,00	20	20	226,86
163,00	291,00	644,00	1.288,00	245,00	30	30	337,00
–		380,00	1.940,00	–	20/min. 7	20/min. 7	245,00
–	255,00	410,00	455,00	601,00	20	20	191,73
–	268,00	–	468,00	153,00	30	30	262,00
–	620,00	580,00	1.140,00	320,00	20	20	–
–	135,00	–	450,00	410,00	20/30	20/25/30	415,00
–	160,50	259,00	400,50	469,00	25	20	321,50
–	111,00	–	182,00	341,00	15	15	219,50
–	895,00	–	1.470,00	971,00	20/25	20/25	–
–	–	–	275,00	225,00	30	30	–

Wir haben uns sehr darum bemüht, die Friedhofsgebühren korrekt wiederzugeben. Auch bei großer Sorgfalt ist bei der Kompliziertheit der Materie auf Grund der sehr heterogenen Gebührenstruktur ein Fehler nicht ganz auszuschließen. Wir bitten Sie daher um Verständnis, dass wir für die Daten keine Gewähr übernehmen können. Herzlichen Dank!

* Erhöhung 2003 geplant

Leider haben sich nicht alle angeschriebenen Kommunen an der Umfrage beteiligt, so dass Sie »Ihre« Stadt möglicherweise vergeblich suchen. Die zur Zeit in Ihrer Kommune gültigen Werte erfahren Sie beim Friedhofsamt. Fordern Sie dort die Gebührensatzung an (siehe auch Seite 64). Manche Satzungen sind allerdings so kompliziert, dass selbst Fachleute in Friedhofsämtern auf unsere Nachfrage hin erst einmal nachdenken mussten, was denn wohl gemeint ist.

In der Regel sind die Kosten für die Grabnutzungsgebühren in kleineren Kommunen etwas geringer als in großen Städten. Großstädte verfügen häufig nicht nur über einen zentralen Friedhof, sondern über eine Reihe von Begräbnisplätzen in Stadtteilen, die nicht selten durch Eingemeindung zur Kommune gestoßen sind. Je mehr Friedhöfe desto aufwändiger und damit teurer ist der Unterhalt, der über Grabnutzungsgebühren umgelegt wird. Gab es vor einigen Jahren auf manchen Gottesäckern noch drangvolle Enge, findet man inzwischen durch die Zunahme von Feuer- und anonymen Bestattungen viel aufgelassene Gräber, die nicht wieder belegt werden können.

Manche Stadtväter versuchen deshalb kleinere Friedhöfe zu schließen, da die restlichen genügend freie Grabflächen aufweisen. Doch mit diesem Ansinnen stoßen sie häufig auf erbitterten Widerstand der Bewohner, die weite Wege zum Grab wegen des zum Teil hohen Alters der Besucher ablehnen.

Aber es gibt noch einen anderen Grund, warum kleine Gemeinden machmal preiswerter sind, als die großen Nachbarstädte: Die Mitglieder des Gemeinderats sind dort in direkterem »Zugriff« der Bevölkerung als in Großstädten. Wer sich für sein Tun gegenüber den Mitbürgern in vielen direkten Gesprächen verantworten muss, überlegt sich die nächste Gebührenerhöhung genau!

In einigen Kommunen gibt es unterschiedliche Gebühren innerhalb der Stadt. Wer wünscht, dass der Verstorbene auf einem Friedhof im Zentrum beerdigt wird, muss dort eventuell mehr zahlen als für eine Grabstelle außerhalb des Zentrums. Und wer seinen Angehörigen auf einem bestimmten Teil des Friedhofs zu Grabe tragen will, für den können die Kosten für die

Überlassung des Begräbnisplatzes gleich um 100 % steigen!

Schwer begründbare Gebührendifferenzen

Wir wollen mit unserer Gegenüberstellung keine Kommune an den Pranger stellen. Natürlich gibt es begründbare Gebührendifferenzen. Wie die Tabelle auf Seite 56 f. allerdings zeigt, schwanken die Gebühren von Stadt zu Stadt sehr stark. Keine neue Entwicklung übrigens. Auch in der Vergangenheit haben wir bei gleicher Nutzungsdauer Preisdifferenzen bis zu 1.000 € gefunden. Dabei sind solch große Unterschiede kaum zu erklären. Wer das Nutzungsrecht an einem Reihengrab für 20 Jahre erwerben will, wird beispielsweise in der sächsischen Landeshauptstadt Dresden mit einer Gebührenrechnung in Höhe von 388 €, in Passau jedoch bei gleicher Nutzungsdauer mit einer Rechnung von 1.000 € zur Kasse gebeten.

Wer in bevorzugter Lage beerdigt werden möchte, sollte seinen Hinterbliebenen ein stattliches Erbe hinterlassen: Wahlgräber sind – wie auch unsere Tabelle zeigt – fast immer teurer als Reihengräber.

Manche Städte – wie zum Beispiel München – berechnen keinen einmaligen Betrag für ein Grab, sondern stellen jährliche Gebühren in Rechnung. Vorteil für die Hinterbliebenen: Der Betrag wird nicht auf einen Schlag fällig.

Der Eindruck drängt sich auf, dass es Stadtväter gibt, die ihren Mitbürgern aus traurigem Anlass tief in die Tasche greifen; schließlich kann man bei Verstorbenen ja zukünftig nichts mehr kassieren. Schaut man sich die komplette Gebührensatzung an, lässt sich allerdings nicht durchgängig feststellen, dass die Leistungen einer Kommune billig und die einer anderen sehr teuer sind. Gemeinden, die Sie bei den Tabellen auf der Vorseite im oberen Bereich finden, können bei den Bestattungsgebühren wie Grabaushub, Nutzung der Friedhofskapelle usw. durchaus im unteren Bereich liegen.

Offensichtlich werden in manchen Gemeinden die Gebühren nicht auf Basis einer Kostenrechnung festgelegt. Kein Wunder, denn bei vielen gibt es so etwas gar nicht! Gäbe es eine solche Rechnung, müssten manche Gebühren niedriger, andere jedoch höher sein.

Wenn Sie bei Ihrer Kommune Gebühren feststellen, die weit über dem Durchschnitt liegen, sollten Sie nicht zögern, einzelne Ratsvertreter zu aktivieren. Die haben zwar die Gebührensatzung beschlossen, doch so mancher Beschluss ist auf kommunaler Ebene schon ins Wanken gekommen, weil ein paar Bürger kritisch nachgefragt und die Öffentlichkeit, sprich die örtliche Zeitung oder den Regionalsender, informiert haben. Ob es sich lohnt, gegen außerordentlich hohe Gebührenbescheide Widerspruch einzulegen und bei Ablehnung zu klagen, kann letztendlich nur ein Gespräch mit einer Anwältin oder einem Anwalt klären.

Kindergräber sind billiger

Gräber für Kinder unter fünf oder auch zehn Jahren kosten üblicherweise nur einen Bruchteil der Erwachsenengrabstätte. Für Kinder unter zwei Jahren sind die Kosten in der Regel noch niedriger. Allerdings kann es vorkommen, dass nicht nur die Ruhezeiten wesentlich kürzer sind als bei Erwachsenen, sondern auch die Ruhezeit nicht verlängert werden kann.

Für Totgeborene unter einem Gewicht von 1.000 Gramm (in manchen Städten auch 500 Gramm) setzt sich eine Einzelbestattung immer mehr durch! In vielen Städten werden solche Totgeburten gesammelt und in einem gemeinsamen Sarg feuerbestattet. Das ist insofern ein Fortschritt, als diese vor nicht langer Zeit noch zusammen mit Klinikabfällen in der Müllverbrennungsanlage »entsorgt« wurden! Es gibt Städte, in denen Bestattungen der »Schmetterlings-« oder »Sternenkinder« kostenlos durchgeführt werden, weil die Kommune oder Kirchengemeinde auf Friedhofsgebühren verzichtet und örtliche Bestattungsunternehmen einen Sarg zur Verfügung stellen.

Das neue Bestattungsgesetz Nordrhein-Westfalens sieht ab 1. September 2003 erstmals ein Bestattungsrecht für Tot- und Fehlgeburten vor, falls dies von einem Elternteil gewünscht wird.

Bestattungsgebühren

Neben den Grabnutzungs- werden kommunale Bestattungsgebühren erhoben. Dazu zählen beispielsweise die Nutzung von Aufbewahrungsraum und Trauerhalle, das Ausheben des Grabes, das Orgelspiel, die Kerzenleuchter und manches mehr. Dabei sind manche Städte recht kreativ, besondere Gebühren zu finden. So gibt es beispielsweise in einer Stadt eine Gebühr für die »Erlaubnis von Lichtbildaufnahmen von aufgebahrten Leichen im Aufbewahrungsraum«; in einer anderen wird die Beheizung der Trauerhalle extra berechnet. Und in einer ostdeutschen Kommune gibt es einen »Frostzuschlag bei Nachbelegung in vorhandene Grabstelle …«.

Die Benutzung von Trauerhalle, Leichen- oder Kühlzelle, Orgelspiel und Glockenläuten, Grabdeckung und Pflanzenschmuck, all das muss natürlich bezahlt werden. Wenn man sich näher mit den Preisdifferenzen für diese Leistungen auseinander setzt, kommt man allerdings aus dem Staunen nicht heraus.

Da kostet die Nutzung der Trauerhalle in einer Stadt gerade mal 35 €, in einer anderen 233 €. Die Nutzung der Trauerhalle auf dem Hauptfriedhof kann das Doppelte der Nutzung der Halle auf einem Vorortfriedhof kosten. Es gibt Kommunen, in denen die Trauergemeinde in 15 Minuten Abschied nehmen muss, falls die Hinterbliebenen für einen längeren Zeitraum nicht noch einmal tief in die Tasche greifen wollen. In der Regel steht die Halle jedoch mindestens 30 Minuten zur Verfügung.

Zwar mag der Pflanzenschmuck für 15 € etwas kärglicher sein als der für 50, doch manche Städte berechnen diesen Service gar nicht erst extra. Dort ist er in der Nutzungsgebühr für die Friedhofskapelle enthalten. Denn der Aufwand, eine paar Lebens- oder Lorbeerbäume von Beerdigung zu Beerdigung nicht nur ein- und wieder abzuräumen, sondern später auch noch gesondert zu berechnen, steht wohl in keinem vernünftigen Verhältnis zum Ertrag.

Dass die Leichenzelle für 80 € größer und schöner ist als die für 26 €, wollen wir nicht ausschließen.

3. Gebühren für Umbettungen

Tarif-Nr.	Tarifart	Tarif in EURO
3.1.1	Ausgraben einer Urne	56,00
3.1.2	Ausgraben eines Sarges	1.304,00
3.2.1	Wiederbeisetzen einer Urne	56,00
3.2.2	Wiederbeisetzen eines Sarges	597,00
3.3	Ausgraben und Wiederbeisetzen eines Sarges zum Zwecke einer Obduktion	1.489,00

4. Gebühren für sonstige Leistungen

Tarif-Nr.	Tarifart	Tarif in EURO
4.1	Inanspruchnahme der Trauerhalle (Regelnutzung 20 Minuten) (bei öffentlichen Veranstaltungen, z. B. anlässlich der Totengedenktage, wird diese Gebühr nicht erhoben)	107,00
4.2.1	Inanspruchnahme der Totenkammer - für den ersten Tag -	45,00
4.2.2	Inanspruchnahme der Totenkammer - für jeden weiteren Tag -	15,00
4.2.3	Behördliche Aufbahrung	60,00
4.2.4	Aufbahrung vor Einäscherungen außerhalb des Krematoriumsbereichs	75,00
4.3.1	Überführung einer Urne innerhalb des Stadtgebietes	20,00
4.3.2	Versendung einer Urne	25,50
4.3.3	Aufbewahrung einer Urne über die Zeit von einem Monat hinaus, für jeden angefangenen Monat	15,00
4.4	Orgelbenutzung mit Organistenstellung	28,50
4.5.1	Dekoration Gruppe I (Halle und Zelle)	35,00
4.5.2	Dekoration Gruppe II (Halle und Zelle)	55,00
4.5.3	Dekoration Gruppe III (Halle und Zelle)	75,00
4.6.1	Dekoration I nur Trauerhalle	25,00
4.6.2	Dekoration II nur Trauerhalle	45,00
4.6.3	Dekoration III nur Trauerhalle	55,00
4.7.1	Dekoration I + II nur Zelle	10,00
4.7.2	Dekoration III nur Zelle	20,00

Auszug aus einer Gebührensatzung einer westfälischen Großstadt

Auch die Musik hat ihren Preis. Da wird die Benutzung des Harmoniums mit 10 € in Rechnung gestellt; wer jedoch moderne Technik bevorzugt, muss für die Nutzung der HiFi-Anlage auf dem gleichen Friedhof das Vierfache zahlen. Auf einigen Friedhöfen, vorzugsweise im Osten, gibt es – kulturell bedingt – lediglich eine Musikanlage. Leutet die Totenglocke, kann dies nichts oder auch für drei Minuten satte 39 € kosten.

In einer Kommune kostet der Bahrwagenbehang Extrageld, in einer anderen die Benutzung von Kerzenleuchtern.

Der Phantasie von Gemeinderäten, das Stadtsäckel zu füllen, sind offenbar keine Grenzen gesetzt. Wo liegt zum Beispiel die Berechtigung, für das Aufsetzen eines Grabhügels bei einem Wahlgrab bis zu 135 % mehr zu verlangen als bei einem Reihengrab auf dem gleichen Friedhof? Die Arbeit ist in aller Regel die gleiche.

Wenn Sie Ihren Angehörigen, der in einer anderen Stadt gelebt hat, in Ihrem Heimatort beerdigen lassen wollen, müssen Sie nicht nur die Überführungskosten tragen, sondern Sie sollten auch die Kommune oder den Beerdigungsunternehmer nach eventuell höheren Gebühren befragen. Bis zu 50 % mehr werden von einzelnen Städten in einem solchen Fall in Rechnung gestellt.

Sargträger werden zum Teil von der Kommune gestellt, zum Teil vom Beerdigungsunternehmer, und in manch einem Ort gibt es dieses Angebot gar nicht, weil Verwandte oder Nachbarn grundsätzlich den Sarg tragen. Dieser letzte Freundesdienst kann den Angehörigen einiges Geld sparen helfen. Zwischen 15 und 90 € pro Träger liegt die Spanne.

In einigen Städten werden die Grabausgrünung und der Schmuck der Trauerhalle nicht von der Stadt erledigt, sondern von einem Beerdigungsunternehmer, der diese Leistungen entsprechend berechnet.

Die Gebühren für Aushub und Schließen des Grabes schwanken ebenfalls stark für eine Arbeit, die heute weitgehend mit Hilfe kleiner Spezialbagger erledigt wird.

Urnenbeisetzung nicht generell billiger

Die Kosten für eine Einäscherung liegen zwischen 168,73 € in Dresden und 415 € in Saarbrücken (siehe Tabelle Seite 55). Es gibt Städte, die Einäscherung und Bestattung der Urne zum Pauschalpreis anbieten. Der Preis mancher Kommunen für eine Urnenbestattung beinhaltet auch die Grabstelle – vor allem bei anonymer Urnenbestattung. Wer auf eine Trauerfeier auf dem Friedhof verzichten will, muss zumindest für den Urnentransport und die Beisetzung zahlen. Ob eine Urnenbestattung billiger als eine Sargbestattung ist, kann pauschal nicht gesagt werden. Beispielsweise ist dadurch, dass vor allem in kleineren Städten kein Krematorium vorhanden ist, der Gesamtpreis außerordentlich unterschiedlich. Außerdem sind wegen der hohen Auslastung mancher Krematorien Überführungen an Krematorien in weiter entfernte Städte notwendig. Hinzu kommt, dass vor der Einäscherung eine gesonderte Leichenschau stattfinden muss.

Gebührenordnung anfordern

Städte und Gemeinden erlassen Friedhofsgebührenordnungen, die bei Änderung unter der Rubrik »Amtliche Bekanntmachungen« (o. ä.) in der örtlichen Tagespresse veröffentlicht werden. Wenn Sie genaue Werte wissen möchten, sollten Sie sich diese Gebührensatzung zusenden lassen. Bei den meisten Stadt- oder Gemeindeverwaltungen können Sie kostenlos eine aktuelle Übersicht anfordern, die manchmal einige Druckseiten füllt. Fragen Sie nach beim Garten- und Friedhofsamt, Standesamt oder bei der Bürgerberatung. Sollte es in Ihrem Ort nur Friedhöfe in kirchlicher Trägerschaft geben, können Sie bei der entsprechenden Kirchengemeinde nachfragen.

Leider finden Sie die Satzungen noch lange nicht bei allen Kommunen auch auf den städtischen Seiten im Internet. Ob Ihr Wohnort diesen – oft sehr versteckten Service – bietet, können Sie leicht feststellen, wenn Sie das Suchwort »Friedhofsgebührensatzung« in eine der gängigen Suchmaschinen eingeben. Bewohner einer kleinen Stadt werden nach unserer Erfahrung eher fündig als Besucher einer Großstadt! Doch Vorsicht: Manchmal stehen noch veraltete Satzungen im Netz!

Kosten für Anzeigen und Totenbriefe

Wer Verwandten, Freunden und Bekannten den Tod eines nahen Angehörigen anzeigen will, wird dies in aller Regel mit Totenbriefen tun. Die druckt – fast – jede Druckerei, die auch gleich die passenden Umschläge liefert. Gleiches gilt für die in einigen Regionen üblichen Sterbe- bzw. Totenbilder.

Die Preise hängen von der Art und der Größe des Totenbriefs (ein- oder zweiseitig bedruckter Brief, nur einseitig bedruckte Karte u. ä.) und natürlich auch von der Auflage ab. Für einen zweiseitig bedruckten Brief im Format DIN A5 bei einer Auflage von 100 Exemplaren müssen Sie etwa mit Preisen von 120 bis 150 € einschließlich der Umschläge rechnen. Wie bereits erwähnt, sollten Sie die Auflage nicht zu knapp wählen. Erfahrungsgemäß fallen manchen Angehörigen beim Schreiben noch zusätzlich einige Empfänger ein. Ein Nachdruck ist wesentlich teurer, als die Auflage gleich etwas großzügiger zu bemessen.

Totenbilder in einer Auflage von 50 Exemplaren mit dem Bild der/des Verstorbenen kosten etwa 80 bis 120 €. Sowohl bei Totenbriefen als auch bei den Bildern gibt es von Druckerei zu Druckerei wie auch regional erhebliche Preisunterschiede.

Nicht anders sieht es bei Traueranzeigen in Tageszeitungen aus. Verlage berechnen Anzeigenpreise nach Millimetern. Wird Ihnen ein Millimeterpreis genannt, heißt das, dass ein Millimeter Anzeigenhöhe in einer Breite von in der Regel 45 Millimetern (eine Spalte) diesen Betrag kostet. Da es so schmale Todesanzeigen kaum gibt, verdoppelt bzw. verdreifacht sich der Preis, wenn Ihre Anzeige zwei bzw. drei Spalten breit ist.

Anzeigenpreise sind zudem auflagenabhängig. Wenn Sie eine Todesanzeige nur in der örtlichen Ausgabe Ihrer Tageszeitung schalten, ist das billiger als die Anzeige in der Regional- oder Gesamtausgabe.

Dein Leben war Sorge für andere,
wir werden Dich nicht vergessen.

Wir trauern um meine liebe Schwester, unsere
Schwägerin, Tante und Freundin

Klara Müller

☆ 30. März 1929 in Rostock   † 15. Oktober 2003 in Altstadt

In Liebe und Dankbarkeit nehmen wir Abschied:

Karl Müller und Familie
Hedwig Meier geb. Müller

Seniorenheim Altersruh, Alpenstr. 70, Altstadt
Traueranschrift: Karl Müller
Neustraße 29, 99999 Neustadt

Der Trauergottesdienst wird gehalten am Montag,
dem 19. Oktober , um 14.30 Uhr in der Pfarrkirche
St. Michael in Altstadt, anschließend findet die
Beerdigung statt.

117 mm

2 Spalten je 45 mm plus 1 mm Zwischenraum

Traueranzeige, 117 mm hoch zweispaltig
Bei einem Millimeterpreis von 1,– € kostet
diese Anzeige 2 x 117 x 1,– € = 234,– €.

Viele Verlage haben Sonderpreise für Familienanzeigen, die erheblich unter den Normalpreisen und oft auch deutlich unter den Preisen für Firmennachrufe liegen.

Für unsere Musteranzeige auf der Seite 66 müssten Sie beispielsweise (Stand: 2003) im Kölner Stadt-Anzeiger, Hauptausgabe Köln, 332 €, im Münchner Merkur (Gesamtausgabe mit tz) 646 €, in der Berliner Zeitung 234 €, in der Frankfurter Rundschau 388 € und in der Mitteldeutschen Zeitung, Ausgabe Halle/Saalkreis, 282 € zahlen. In seltenen Fällen kann der Preis an Samstagen etwa 10 % höher sein. Bei einigen Verlagen ist zum 1. Oktober, bei den meisten zum 1. Januar eines neuen Jahres mit Preissteigerungen zu rechnen, da fast alle Tageszeitungsverlage regelmäßig spätestens zum Jahreswechsel die Anzeigenpreise erhöhen.

Sterbegeld weiter gekürzt

Wer in einer privaten Krankenversicherung versichert ist, kennt den Begriff in aller Regel nicht: Sterbegeld. Anders ist das bei Versicherten einer gesetzlichen Krankenkasse oder Ersatzkasse (z. B. AOK, BEK, DAK, KKH). Vor dem 1. Januar 1989 gab es im Todesfall Sterbegeld für die Angehörigen. An diesem Tag trat das Gesundheitsreformgesetz in Kraft. Danach gilt für Mitglieder gesetzlicher Krankenkassen Folgendes:

1. Wer ab dem 2. Januar 1989 neu in die gesetzliche Krankenkasse eingetreten ist, hatte keinen Anspruch mehr auf Sterbegeld. Im Todesfall gibt es also nichts. Man kann aber bei seiner Kasse eine Sterbegeld-Zusatzversicherung abschließen.
2. Für alle am 1. Januar 1989 bereits in der gesetzlichen Krankenversicherung Versicherten (einschließlich der Sozialversicherung der damaligen DDR) wird noch Sterbegeld gezahlt. **Zurzeit (Redaktionsschluss 3. Juni 2003) beträgt es nach mehrfachen Kürzungen für Versicherte selbst 525,– € sowie für Familienversicherte 50 % davon, also 262,50 €.** Das Sterbegeld wird an denjenigen gezahlt, der die Bestattungskosten trägt.

Doch auch diese Beträge dürften nicht mehr lange Bestand haben. Geplant ist die völlige Streichung.

Da einige Gesetzesvorhaben derzeit genauso schnell geändert werden, wie sie aus den Schubladen gezogen werden, können genaue Angeben erst mit der Verkündigung der Gesetzesänderungen im Bundesanzeiger gemacht werden!

Besser haben es da die Angehörigen von Beamten. § 18 des Gesetzes über die Versorgung der Beamten und Richter in Bund und Ländern (BeamtVG) bestimmt: »Beim Tode eines Beamten mit Dienstbezügen oder eines Beamten auf Widerruf im Vorbereitungsdienst erhalten der überlebende Ehegatte und die Abkömmlinge des Beamten Sterbegeld. Das Sterbegeld ist in Höhe des Zweifachen der Dienstbezüge oder der Anwärterbezüge des Verstorbenen ausschließlich der Auslandskinderzuschläge und der Vergütungen in einer Summe zu zahlen ...«

Natürlich versuchen private Versicherungen (Sterbekassen, Begräbniskassen) die Lücke zu füllen, die die Gesetzesänderung vor mehr als zehn Jahren hinterlassen hatte. Private Sterbegeldversicherungen sollen an die Frau oder den Mann gebracht werden. Sterbegeldversicherungen sind in der Regel eine Form der Kapital-Lebensversicherung mit einer Versicherungssumme bis zu 10.000 €. Die Prämien sind zwar auf den Monat gesehen recht gering, aber wegen sehr langer Laufzeiten kann man solche Angebote nach unserer Auffassung nur Menschen empfehlen, die so wenig Geld zurückgelegt haben, dass die eigenen Begräbniskosten nicht gedeckt werden können.

Häufig wird es sinnvoller sein, einen bestimmten Betrag Monat für Monat auf ein Sparkonto einzuzahlen, das die Kosten für das eigene Begräbnis decken soll. Da dieses Konto nur im Todesfall genutzt werden soll, kann es ein Konto mit langer Kündigungsfrist sein. Die Zinsen sind höher als bei einem Konto mit gesetzlicher Kündigungsfrist. Wird das Geld kurzfristig benötigt, ist trotz langer Laufzeit des Vertrages ein Zugriff mit leichten Zinsabschlägen jederzeit möglich.

Außerdem ist es möglich, bei einem Bestattungsunternehmen einen Bestattungsvorsorgevertrag zu schließen, in dem die Form der

Bestattung, die Art des Sarges und andere Einzelheiten schon zu Lebzeiten festgehalten werden. Die Preise für diese Leistungen müssen jedoch verständlicherweise offen bleiben. Zur Absicherung wird eine bestimmte Summe auf einem Sperrkonto angelegt. Wie sinnvoll dies ist, muss jeder selbst entscheiden. Wie man bestattet werden will, kann man auch schriftlich festlegen und das Geld dann selbst zur Bank oder Sparkasse tragen.

Sozialhilfe für die Bestattung?

Sozialhilfe umfasst nicht nur Hilfe zum Lebensunterhalt sondern auch Hilfe in besonderen Lebenslagen. § 15 des Bundessozialhilfegesetzes bestimmt denn auch: »Die erforderlichen Kosten einer Bestattung sind zu übernehmen, soweit dem hierzu Verpflichteten nicht zugemutet werden kann, die Kosten zu tragen«.

»Verpflichteter« ist der nächste geschäftsfähige Angehörige. Können die Kosten einer Beerdigung nicht durch beispielsweise das Sterbegeld einer Krankenkasse gedeckt werden, kann ein Sozialhilfeanspruch in Frage kommen. Falls der oder die Verpflichtete erbt, ist jedoch zunächst dieses Erbe zur Deckung der Kosten heranzuziehen.

Im Zweifelsfall sollten Sie sich an einen örtlichen Träger der Sozialhilfe (kreisfreie Städte bzw. Landkreise) wenden.

Da das Geld bei den meisten Kommunen knapp ist, wundert es nicht, dass die Klagen über Sozialbestattungen zunehmen. Viele Bestatter halten besonders einfach gehaltene und deshalb billige Särge bereit, die für Nicht-Sozialhilfeempfänger gar nicht erst angeboten werden. Gängige Praxis scheint zu sein, dass Verstorbene ohne einsetzbares Vermögen und ohne Angehörige kremiert und in anonymen Gräbern bestattet werden, um Folgekosten zu vermeiden. Dies trifft insbesondere auf behinderte Menschen zu, die schon lange in Heimen leben und deshalb inzwischen so gut wie mittellos sind. Betreuer, deren Betreuungsverpflichtung mit dem Tod endet, können deshalb kaum beeinflussen, in welcher Weise eine Bestattung vorzunehmen ist.

Zwar muss für eine Verbrennung eigentlich die Einverständniserklärung des Verstorbenen vorliegen, doch es ist strittig, ob die auch in diesem Fall notwendig ist.

Mittellose Sozialhilfeempfänger, die eine Erdbestattung wünschen, sollten dies deshalb möglichst schriftlich festlegen.

Vater Staat hilft den Erben

Auch wenn der Staat sich bei der Gesundheitsreform knauserig gezeigt hat, hilft er auf der anderen Seite den Erben bei den Begräbniskosten. Unter bestimmten Umständen können diese Kosten nämlich im Lohnsteuerjahresausgleich bzw. bei der Einkommensteuererklärung steuermindernd geltend gemacht werden. Allerdings gilt dies nur, wenn die Begräbniskosten höher sind als der Nachlass.

Voraussetzung für eine Anerkennung als außergewöhnliche Belastung ist u. a., dass die Quittungen aufbewahrt werden und sich die Ausgaben im üblichen Rahmen bewegen. Die Kosten für Trauerkleidung, eine eventuell notwendige Anreise zum Beerdigungsort und für die Bewirtung der Trauergäste kann man nicht steuermindernd geltend machen. Genaue Informationen erhalten Sie entweder direkt vom Finanzamt oder von einem Steuerberater.

4
Die Zeit danach – was noch zu tun bleibt

UND SOLANG DU DAS NICHT HAST,
DIESES: STIRB UND WERDE!
BIST DU NUR EIN TRÜBER GAST
AUF DER DUNKLEN ERDE.

Johann Wolfgang von Goethe,
»Selige Sehnsucht«
West-Östlicher Divan

LES FLIESST
MANN · 1967

Häufig bestehen eine ganze Reihe von Mitgliedschaften des Verstorbenen in Verbänden, Vereinen, Versicherungen, so dass weitere Benachrichtigungen notwendig werden. In der Regel kann das nach der Beerdigung geschehen, falls keine Termine zu beachten sind.

Unbedingt Fristen beachten

Zur Vermeidung finanzieller Engpässe ist es günstig, zunächst die Organisationen zu benachrichtigen, bei denen ein finanzieller Anspruch besteht. Dies sind bzw. können sein:

- gesetzliche oder Ersatzkrankenkassen (Sterbegeld),
- Lebensversicherungen (Versicherungssumme),
- andere private Versicherungen (Sterbegeld),
- Bestattungsvereine (Sterbegeld),
- Rentenstelle (Bundes- oder Landesversicherungsanstalt) bei verstorbenen Rentnern,
- Gewerkschaften (Sterbegeld).

Gesetzliche Krankenkassen

Zur Abmeldung von Mitgliedern gesetzlicher Krankenkassen bzw. Ersatzkassen und zur eventuellen Anmeldung von Ansprüchen auf Sterbegeld (siehe Seite 67) benötigen Sie die Sterbeurkunde. Bitte beachten Sie, dass mitversicherte Familienangehörige automatisch nur noch einen Monat versichert sind. Auch deshalb sollten Sie möglichst bald Kontakt mit der Kasse aufnehmen.

Lebensversicherungen

Beachten Sie, dass Lebensversicherungsunternehmen »unverzüglich«, das heißt innerhalb von 48 Stunden nach dem Tod des Versicherten, zu benachrichtigen sind. Die gleiche Frist gilt für Unfallversicherungen. Welche Unterlagen benötigt werden, steht in den Versicherungsbedingungen. Selbstverständlich erfahren Sie dies auch durch einen Anruf bei der Versicherung.

Rentenstelle

Ist die oder der Verstorbene Rentenempfänger/in gewesen, benötigen Sie zur Abmeldung der Rente die Rentenversicherungsnummer. Diese Nummer finden Sie auf der »Rentenanpassungsmitteilung«

oder auf dem Rentnerausweis, die von der Rentenrechnungsstelle jedes Jahr ausgestellt werden. Um eine Hinterbliebenenrente zu erhalten, muss ein Antrag gestellt werden! Gleiches gilt für Überbrückungsgeld, eine befristete Rentenfortzahlung.

Bankgeschäfte regeln

In den Fällen, in denen der Verstorbene nur die alleinige Verfügungsberechtigung über die Bankkonten der Familie besaß, können für die Hinterbliebenen finanzielle Engpässe entstehen, da zur Umschreibung oder Auflösung solcher Konten ein Erbschein notwendig ist. In einer solchen Situation sollten Sie umgehend einen Erbschein beim zuständigen Amtsgericht beantragen.

Für die Beantragung eines Erbscheines ist keine besondere Form vorgeschrieben, das heißt der Antrag auf Ausstellung kann mündlich oder schriftlich beim Amtsgericht gestellt werden. Der Erbschein wird häufig auch zur Regulierung weiteren Erbes benötigt, zum Beispiel zur Umschreibung von Haus- und Grundeigentum, zum Nachweis für Lebensversicherungen u. ä. In vielen Fällen kann es deshalb sinnvoll sein, zusätzliche Abschriften zu verlangen. Sie können, aber Sie müssen keinen Erbschein beantragen.

Um finanzielle Probleme bis zur Ausstellung des Erbscheins zu vermeiden, besteht die Möglichkeit, die Verfügungsberechtigung für das Bankkonto im Todesfall auf den Ehegatten, ein Kind (vorausgesetzt es ist volljährig) oder auch eine andere Person Ihres Vertrauens zu erweitern. Sie können dafür bei der Bank eine Vollmacht hinterlegen, die es einer bezeichneten Person ermöglicht, nach einem Todesfall die Konten zur Bestreitung des laufenden Lebensunterhalts und zur Abdeckung der Bestattungskosten zu nutzen. Viele Banken halten als Vordruck eine entsprechende »Verfügung zugunsten Dritter für den Todesfall außerhalb des Erbganges« bereit. Wurde schon zu Lebzeiten ein gemeinsames Konto gewählt, ein so genanntes Oder-Konto, bleibt die Verfügungsberechtigung auch im Falle des Todes eines Partners bestehen. Eine entsprechende Verfügung ist auch schon bei Einrichtung eines Kontos – sei es nun Giro- oder auch Sparkonto – möglich. Die Verfügung können Sie jederzeit gegenüber Ihrer Bank oder Sparkasse widerrufen, falls die begünstigte Person nicht mehr Ihr Vertrauen besitzt.

Hat die oder der Verstorbene Geld langfristig angelegt, das Sie zur Deckung der Beerdigungskosten nicht benötigen, kann es – je nach Zinssituation – sehr sinnvoll sein, diese Verträge weiterlaufen zu lassen. Die Bank schreibt sie dann auf den oder die Erben um, falls sie einen Erbschein vorlegen können oder eine Verfügung über den Tod hinaus bestand. Ein weit verbreiteter Irrtum ist, dass solche langfristigen Bindungen nach dem Tod des Bankkunden automatisch beendet sind und die Beträge sofort frei werden.

In komplizierten Fällen oder wenn der Erbschein zur Sicherstellung der Zahlungsfähigkeit benötigt wird, können im weiteren Verfahrensverlauf eidesstattliche Erklärungen notwendig werden. Außerdem müssen Angaben für familienrechtliche Verhältnisse, Testament und Erbvertrag gemacht werden, so dass es in solchen Fällen sinnvoll ist, sich gleich an einen Notar zu wenden.

Testament dem Nachlassgericht aushändigen

Sollten Sie im Besitz eines Testaments sein, sind Sie nach § 2259 des Bürgerlichen Gesetzbuchs verpflichtet, das Original umgehend beim zuständigen Nachlassgericht – das ist das Amtsgericht am Wohnsitz des Erblassers – abzuliefern. Falls Sie das Original per Post schicken, sollten Sie dies nicht nur per Einschreiben mit Rückschein tun, sondern sich vorab bei einem Notar eine beglaubigte Kopie anfertigen lassen. Das kostet nur ein paar Euro, hilft jedoch sehr, Ärger zu vermeiden.

Falls es ein notarielles Testament oder einen Erbvertrag gibt, müssen Sie dem Nachlassgericht den Notar, den Tag der Beurkundung und die UR-Nr. des Notars mitteilen, falls Ihnen diese Angaben bekannt sind.

Das Gericht prüft nicht nur, ob es irgendwelche Auffälligkeiten am Testament gibt, sondern wird Sie in der Regel auch auffordern, Ahnenforschung zu betreiben. Lassen Sie sich nicht erschrecken. Wenn Sie beispielsweise nicht alle genauen Geburts- oder Sterbedaten der

»Kinder der Eltern d. Verstorbenen, auch bereits vorverstorbene« wissen, dürfte das nicht tragisch sein. Die Daten werden zur Erbenermittlung und eventuell zur Benachrichtigung der Beteiligten erhoben. Das Testament wird vom Nachlassgericht »eröffnet«. Falls keine Erbprobleme zu erwarten sind, kann das auch ohne die Betroffenen geschehen. Falls Sie – zum Beispiel für Bankgeschäfte – einen Erbschein benötigen, können Sie diesen gleichzeitig beantragen.

Sollten Sie jedoch Erbschaftsauseinandersetzungen befürchten oder Fragen haben, sollten Sie nicht zögern, sehr schnell einen Anwalt, Notar oder auch einen Steuerberater einzuschalten. Verlassen Sie sich in keinem Fall auf den »guten Rat« von Freunden oder Nachbarn! Bedenken Sie: Fast jeder Fall ist anders. Deshalb sollten Sie unbedingt Fachleute um Rat fragen.

Weitere Informationen zum Thema Erben und Vererben finden Sie in unserem Ratgeber »Erbschaften« (siehe Seite 115).

Rentenansprüche anmelden

Vom Todesfall zu benachrichtigen sind bei Rentenansprüchen der Hinterbliebenen möglicherweise:

- die Rentenversicherung,
- die betriebliche Unfallversicherung oder auch die Berufsgenossenschaft bei Arbeitsunfällen (Fristen beachten!) und Berufskrankheiten oder
- das Versorgungsamt.

Falls Sie Anspruch auf Hinterbliebenenbezüge haben, sollten Sie diese bald – spätestens jedoch innerhalb eines Monats nach dem Todesfall – anmelden. Auf Wunsch und gegen gesonderte Bezahlung übernimmt das auch der Bestatter für Sie. Da es dauern kann, bis Sie einen Rentenbescheid und damit Geld erhalten, können Sie einen Antrag auf Vorschusszahlung stellen.

Welche Unterlagen der jeweilige Rentenversicherungsträger zur Bearbeitung der Rentenansprüche benötigt, können Sie am besten telefonisch vorklären oder in den von einigen Versicherungsträgern eingerichteten Beratungsstellen erfahren. In der Regel sind das die

Sterbeurkunde, die letzte Rentenmitteilung und der Personalausweis.

Stand der Verstorbene in einem Beschäftigungsverhältnis, ist es wichtig, den Arbeitgeber zu informieren; die Sterbeurkunde fügen Sie am besten gleich bei. Darüber hinaus können Sie mit dem Arbeitgeber sofort die Übergabe der persönlichen Sachen des Verstorbenen, die sich noch am Arbeitsplatz befinden, und eventuell auch die Rückgabe von Dienstgegenständen an den Arbeitgeber vereinbaren.

Laufende Verträge prüfen

Auch alle privaten Versicherungen, wie beispielsweise Hausrat- oder Haftpflichtversicherungen, sind zu benachrichtigen. Ebenso müssen andere Vertragspartner (zum Beispiel Bausparkassen) informiert werden. Bei dieser Art der Verträge sollten Sie jeweils einzeln prüfen, ob eine Auflösung sinnvoll ist. Sollte eine Weiterführung günstiger sein, können Sie sich in den meisten Fällen für die Übernahme der Verträge entscheiden. Um im Schadensfall Ärger zu vermeiden, sollten Sie Versicherungsverträge keinesfalls einfach weiterlaufen lassen, es sei denn, Sie sind selbst auch als Versicherungsnehmer in der Police mit eingetragen.

Außerdem stehen die Auflösung von Mitgliedschaften in Verbänden und Vereinen sowie die Kündigung von Zeitschriftenabonnements, Mitgliedschaften in Buchclubs u. ä. zur Erledigung an. Gelten bei den genannten Verträgen keine besonderen Kündigungsmöglichkeiten für den Todesfall, können Sie als Erbe unter denselben Voraussetzungen kündigen, die auch für den Verstorbenen galten. Auch hier beendet der Tod nicht automatisch das Vertragsverhältnis!

Sollte ein Fahrzeug auf die oder den Verstorbenen angemeldet sein, muss dies baldmöglichst ab- oder umgemeldet werden. Zur Ummeldung ist ein Erbschein erforderlich!

Mietvertrag kündigen?

Wohnte der Verstorbene zur Miete, ist es wichtig, den Vermieter zu informieren. Das Mietverhältnis wird bei Tod des Mieters nicht automatisch beendet. Folgende Personen können seit 1. September 2001 in den Mietvertrag eintreten:

- der Ehegatte oder die Ehegattin bzw. der oder die Lebenpartner/in, falls mit denen ein gemeinsamer Hausstand geführt wurde,
- Kinder und andere Familienangehörige, die mit dem bzw. der Verstorbenen im gemeinsamen Haushalt lebten und
- andere Personen, die mit dem bzw. der Verstorbenen einen gemeinsamen Haushalt führten. Erforderlich ist dabei eine enge auf Dauer angelegte Lebensgemeinschaft, nicht aber eine reine Wohngemeinschaft.

Die genannten Personen können auch innerhalb eines Monats nach dem Tod des Mieters der Fortsetzung des Mietvertrags wiedersprechen.

Übernimmt keine der oben genannten Personen das Mietverhältnis, wird es mit den Erben fortgesetzt! Als Erbe haben Sie einen Monat Zeit, dass Mietverhältnis außerordentlich zu kündigen. Achtung: Die Monatsfrist beginnt mit dem Zeitpunkt, in dem Sie vom Tod des Mieters und der Tatsache erfahren haben, dass keine der oben genannten Personen in das Mietverhältnis eintreten will.

Da diese Regelungen nicht ganz einfach und die Fristen recht kurz sind, sollten Sie sich im Zweifel an einem Mieterverein oder einen Anwalt wenden.

Da Alten- oder Pflegeheime oft lange Wartelisten führen, sind Zimmer oder Altenwohnungen dort in der Regel bis zum Monatsende – wenn nicht sogar mit kürzeren Fristen – zu räumen. Das gilt auch dann, wenn Sie bereit sein sollten, noch einen Monat zu zahlen. Fragen Sie am besten umgehend die Verwaltung, falls Sie keinen Vertrag finden. Falls der Tod kurz vor Monatsende eintrat, sollten Sie Verhandlungen über eine Beendigung des Vertrags zur Mitte des Folgemonats führen.

Telefon und Strom nicht vergessen

Liegt in der Wohnung ein Telefonanschluss, dann muss auch die Telekom oder eine andere Telefongesellschaft, mit der ein Vertrag besteht, über eine etwaige Ummeldung oder Stilllegung informiert werden. Viele Witwen lassen den Anschluss einfach auf ihren Mann weiterlaufen, um so nicht als alleinlebende Frau im Telefonbuch erkennbar zu sein. Korrekt ist das nicht. Eine bessere Alternative ist ein Eintrag mit Vornamenskürzel oder ein Verzicht auf eine Eintragung.

Genauso sollte die Kündigung oder Änderung des Internetanschlusses beim Provider nicht vergessen werden.

Außerdem müssen die Stadtwerke oder andere Energieversorgungsunternehmen wegen der Anschlüsse für Wasser, Strom, Gas oder Fernwärme benachrichtigt werden. Nicht zu vergessen ist die GEZ wegen der Abmeldung von Rundfunk- und Fernsehgeräten.

Langfinger und Bauernfänger

Damit Langfinger sich nicht an der »Erbschaft« beteiligen, sollten Sie zum Zeitpunkt der Beerdigung unbedingt eine Person Ihres Vertrauens in der Wohnung lassen. Auch Einbrecher lesen leider Todesanzeigen und räumen dann in Seelenruhe die Wohnung aus. Da sie davon ausgehen können, dass sich nicht nur die Wohnungsinhaber, sondern auch die Nachbarn auf dem Friedhof aufhalten, ist das Risiko, erwischt zu werden, recht gering.

Wachsamkeit ist auch für die Zeit nach der Beerdigung angesagt. Es gibt leider Zeitgenossen, die selbst aus dem Tod eines Menschen noch Kapital schlagen wollen. Sollten Ihnen Rechnungen ins Haus flattern, die Ihnen zweifelhaft erscheinen, sollten Sie zunächst gar nicht zahlen und eine Vertragskopie verlangen. So erhalten Witwen ab und an Rechnungen für die Lieferung von Pornoheften, die weder bestellt noch je geliefert worden sind. Aus Scham werden solche Rechnungen leider zu häufig beglichen.

Oder es flattert eine Rechnung für einen Eintrag in einem »Sterbeanzeigen-Jahrbuch« o. ä. ins Haus. Da wird dann zwar mehr oder weniger klein darauf hingewiesen, dass es sich um eine Offerte handelt, doch gerade ältere Menschen kommen mit solchen Schreiben, an denen sogar eine Zahlkarte hängt, nicht klar. Viele von ihnen glauben, sie müssten zahlen. Sollten Sie unsicher sein, ob es sich um eine Verpflichtung handelt, fragen Sie beispielsweise bei einer Beratungsstelle Ihrer Verbraucherzentrale nach.

Die Gestaltung des Grabes

In vergangenen Jahrhunderten gab es auf Kirchhöfen wilden Bewuchs, und bis ins späte Mittelalter hinein war sogar die landwirtschaftliche Nutzung geregelt. Pfarrer besaßen das Recht zur Heu- und zur Obsternte. Denn mancher Kirchhof wurde im Stil von Obstgärten – dem Abbild des Paradieses – angelegt.

Heute gleichen manche Grabfelder eher einem Landschaftspark. Friedhöfe sind vor allem in Großstädten die unverzichtbaren grünen Lungen, die für Mensch und Tier zu Oasen im Beton werden. Bis zu 20 % der Fläche einer Stadt werden von Friedhöfen eingenommen. Durch die vielen alten Bäume und Sträucher ist ihre ökologische Bedeutung enorm. Die Artenvielfalt ist wesentlich größer als in städtischen Parks. Und immer mehr

ökologisch orientierte Friedhofssatzungen sollen garantieren, dass dies auch so bleibt.

Geschmacksvorschriften

Solche Satzungen gibt es nicht nur aus Umweltschutz-, sondern vor allem auch aus anderen Gründen. Über Geschmack lässt sich angeblich nicht streiten. Damit dies nicht doch – wie im Leben, auch nach dem Tode – passiert, haben Friedhofsverwaltungen für bestimmte Friedhöfe oder Teilbereiche Gestaltungsvorschriften erlassen, die sichern sollen, dass die Würde dieses Ortes gewahrt bleibt.

In solchen Vorschriften ist festgelegt, ob Grabeinfassungen mit Begrenzungssteinen erlaubt sind, ob das Grab mit Kies oder einer Steinplatte abgedeckt werden darf, welche Mindest- und Höchstmaße es für Grabmale gibt und aus welchem Material sie sein dürfen. Gestaltungsfragen und entsprechende Einschränkungen bei Feldern mit Gestaltungsvorschrift haben bei Urnengräbern die gleiche Gültigkeit wie bei Sarggräbern. Grabfelder ohne Gestaltungsvorschriften bieten, im Rahmen einer pietätvollen Gestaltung, die größten Freiheiten bei der Auswahl von Stein und Bepflanzung.

Etwa vier bis fünf Wochen nach der Bestattung werden üblicherweise Kränze und Blumen vom Grab abgeräumt. Verantwortlich dafür sind die Angehörigen. Kommen sie dieser Pflicht nicht nach, kann die Friedhofsverwaltung selbst abräumen oder einen Gärtner damit beauftragen. Danach ist das Grab zumindest provisorisch neu anzulegen. Ein früheres Abräumen ist wenig sinnvoll, da die Erde sich in diesem Zeitraum weiter verdichtet und die Arbeit der »ersten Aufhügelung« durch Nachsacken von Erde ansonsten zunichte gemacht würde.

Sie werden wohl nirgendwo Vorschriften darüber finden, welche Blumen auf die Beete zu pflanzen sind, aber Sie dürfen auch nicht jeden Strauch oder Baum pflanzen, den Sie schön finden. In der Regel sind großwüchsige Bäume und Sträucher nicht zugelassen. Außerdem darf die Bepflanzung der Nachbargräber nicht beeinträchtigt werden.

Heimische Pflanzen wählen

Welche Pflanzen geeignet sind, darüber können Sie sich beim Friedhofs- oder auch bei jedem anderen Gärtner beraten lassen. Manche Pflanzen brauchen viel Wasser und erfordern deshalb in den trockenen Perioden fast täglich den Gang zum Grab, andere gedeihen nicht gut, weil zum Beispiel auf alten Friedhöfen große Bäume nur wenig Sonne aufs Grab fallen lassen.

Auf Exoten sollten Sie im Interesse der Tierwelt verzichten. Heimische

»Alles was getrennt ist, findet irgendwann wieder zusammen.« Diese Mustergrabsteine auf der Landesgartenschau 2002 in NRW zeigen, dass uniforme Gestaltungen nicht sein müssen.

Pflanzen bieten auf Großstadtfriedhöfen vielen Tieren Nahrung und Lebensraum.

Friedhofsgärtner empfehlen, etwa 60 % der Grabfläche für Bodendecker, rund 25 % für langsamwachsende Gehölze und die restlichen 15 % für jahreszeitlich wechselnden Blumenschmuck vorzusehen. Falls Sie einen Grabstein errichten lassen wollen, sollten

Sie dies bei der Pflanzung berücksichtigen, damit der Stein nicht immer wieder freigeschnitten werden muss.

Wenn Sie einmal in Ruhe durch die Grabreihen gehen, werden Sie schnell feststellen, welche Gestaltung Ihnen zusagt. Dies gilt natürlich nicht nur für die Bepflanzung, sondern auch für Grabmale, die übrigens in aller Regel genehmigungspflichtig sind. Um die kostenpflichtige Genehmigung (20 bis 150 €) kümmert sich der Steinmetz, den Sie mit der Anfertigung des Steins beauftragen. Oder er sagt Ihnen zumindest, an wen Sie sich wenden müssen.

Bei Bereichen mit zusätzlichen Gestaltungsvorschriften sind häufig Findlinge oder findlingsähnliche, grellweiße oder tiefschwarze Grabmale nicht zugelassen. Darüber hinaus werden die Höchst- und Mindestmaße, die Art von Schriften, Ornamenten und Symbolen und die Materialien für Grabsteine vorgeschrieben. In der »Mustersatzung des Deutschen Städte- und Gemeindebundes über das Friedhofs- und Bestattungswesen« regeln allein sieben umfangreiche Paragrafen den Umgang mit »Grabmalen und baulichen Anlagen«! Kein Wunder, dass viele Grabsteine heute zwar noch bei einem Steinmetz gekauft, von dem aber gar nicht mehr hergestellt werden. Auch hier hat die industrielle Fertigung Einzug gehalten und sorgt so für Uniformität auf unseren Friedhöfen. Einziger Vorteil: Der Preisvergleich ist so leichter möglich.

Provisorische Grabmale wie zum Beispiel einfache naturlasierte Holztafeln oder -kreuze müssen häufig innerhalb von zwei Jahren wieder entfernt werden. Sie sind nicht genehmigungspflichtig.

Die Kosten für Grabsteine hängen natürlich in hohem Maße von Größe, Material und Gestaltung ab. Der geringste Preis dürfte wohl nicht unter 600 € liegen, nach oben gibt es kaum Grenzen. Preiswerter kann beispielsweise eine Granitplatte sein, die auf das Grab gelegt wird. Solche Platten gibt es ab 250 €. Zum Preis für Stein, Platte oder ein schmiedeeisernes Gedenkkreuz kommen noch die Kosten für die Inschriften, die Sie mit 10 bis 15 € pro Buchstabe veranschlagen können, und die für die Errichtung.

Da Grabmale erst einige Zeit nach der Beerdigung aufgestellt werden, haben Sie Zeit genug zum Preisvergleich.

Auf manchen Friedhöfen werden Gräber mit Begrenzungssteinen eingefasst, die alle Seiten umfassen. In der Regel werden die Steine in ein Betonfundament gelegt, damit sie nach einem möglichen Einfallen des Grabes nicht kippen. Je nach Material – Grauwacke ist beispielsweise billiger als Granit – und nach Grabgröße variieren die Kosten: Mit 750 bis 1.500 € müssen Sie rechnen.

Grabpflegevertrag abschließen?

Gerade ältere Menschen oder Personen ohne bzw. mit weit entfernt lebenden Angehörigen möchten schon zu Lebzeiten die Pflege des eigenen Grabes geregelt wissen. Sie haben die Möglichkeit, einen Grabpflegevertrag über einen bestimmten Zeitraum abzuschließen und das Geld dafür auf ein Treuhandkonto einzuzahlen. Dadurch wird gewährleistet, dass Ihr eingezahltes Geld auch dann sicher ist, wenn der Friedhofsgärtner Pleite macht oder seinen Betrieb verkauft.

Im Vertrag können Sie festlegen, wie oft Ihr Grab bepflanzt werden soll, ob Gedenktage – zum Beispiel Ihr Geburts- oder Todestag – berücksichtigt werden sollen und Ähnliches mehr.

Je höher der Anspruch, desto höher die Kosten, die zwischen 2.000 und 5.000 € liegen können. Jeder Friedhofsgärtner macht Ihnen ein auf Ihre Bedürfnisse zugeschnittenes Angebot.

Bleibt noch das Finanzamt

Wichtig ist, dass die Kosten für die Bestattung, soweit sie zumutbare Belastungen überschreiten, steuerlich geltend gemacht werden können (siehe Seite 68). An der Besteuerung ändert sich bei Verheirateten im Todesjahr des Ehepartners zunächst einmal nichts, da in diesem Fall die zu Beginn eines Kalenderjahres geltenden Steuerklassen bis zum Jahresende beibehalten werden. Ist der Hinterbliebene selbst Arbeitnehmer, hat er jedoch das Recht des Steuerklassen-

Tausches und kann somit die Einstufung in die Steuerklasse 3 erreichen. Dies ist mit Wirkung vom Todestag des Ehepartners möglich. Für die Antragstellung gelten allerdings Fristen.

Die Möglichkeit der Anwendung des Splittingtarifs bei der Einkommensteuerveranlagung bleibt im Jahr des Todes des Ehegatten und im darauf folgenden Jahr erhalten. Wie lange es den Splittingtarif überhaupt noch geben wird, war bei Redaktionsschluss zu diesem Buch noch offen.

Es gibt eine Reihe von Menschen, bei denen von Erben nach dem Tod festgestellt wird, dass sie es mit den Angaben zu ihrem Vermögen bei der Abgabe von Steuererklärungen nicht so genau genommen oder die recht komplizierten deutschen Steuervorschriften schlichtweg nicht verstanden hatten. Falls die Finanzbehörden das ebenfalls merken, kann es zu Nachforderungen kommen, die sich nicht nur auf den hinterzogenen Betrag beschränken, sondern auch Hinterziehungszinsen einschließen.

Schon bei einem vagen Verdacht sollten Sie einen Steuerberater bzw. eine Steuerberaterin einschalten und sich über die notwendigen Schritte informieren! Dies gilt auch bei drohender Nachlassüberschuldung.

5
Was soll geschehen? – eine Hilfe für Angehörige

Gedenktafeln in St. Englmar, Bayerischer Wald

RIP
RIP
RIP
RIP
RIP
RIP

Wer nach einem plötzlichen Todesfall schon einmal miterlebt hat, was alles schnell geregelt werden muss, weiß, dass nahe Angehörige oft damit überfordert sind, wichtige Unterlagen zu finden und an Termine zu denken, die unbedingt einzuhalten sind. Helfen Sie Ihrem (Ehe-)Partner, Ihren Kindern oder auch anderen, diese Situation zu meistern. Wir helfen Ihnen mit der folgenden Liste, an die wichtigsten Dinge zu denken.

Bitte vergessen Sie nicht, dass die Liste schnell gefunden werden muss, wenn sie helfen soll. Deshalb sollten Sie Familienmitglieder oder Freunde frühzeitig darauf aufmerksam machen und zeigen, wo sie aufbewahrt wird.

Da sich die in der Liste gemachten Angaben im Laufe der Zeit ändern können, empfehlen wir Ihnen, die Seiten vor dem Ausfüllen zu kopieren.

■ Der Personalausweis

Mein Personalausweis befindet sich in aller Regel

____

____

____

■ Das Stammbuch

Das Familienstammbuch (Heiratsurkunde) liegt

____

____

____

Das Scheidungsurteil ist zu finden

____

____

____

■ Bestattung

Falls testamentarisch nicht anders geregelt, wünsche ich eine

- ■ Erdbestattung
- ■ Feuerbestattung
- ■ anonyme Bestattung
- ■ Seebestattung

Es besteht ein Bestattungsvertrag mit dem Bestattungsunternehmer

____

____

____

____

____

Der Vertrag befindet sich

____

____

____

____

____

■ Grab

Es besteht ein Grabnutzungsvertrag mit der

■ Stadt

____

■ Kirchengemeinde

____

Grab-Nr.

____

auf dem Friedhof

____

____

____

Falls möglich, möchte ich in diesem Grab beerdigt werden.

■ Sarg

Ich möchte in einem

■ Kiefernsarg
■ Eichensarg
■ Ökosarg
■ ______________________________

____

beerdigt werden.

■ Bekleidung

Ich möchte – falls zulässig – in folgender Kleidung beerdigt werden:

____

____

____

____

____

____

■ Trauerfeier

Es soll

- eine kirchliche
- nicht-kirchliche
- keine

Trauerfeier stattfinden.

■ Benachrichtigung

Folgende Personen sollen von meinem Tod durch einen Totenbrief benachrichtigt werden:

____

____

____

____

____

____

____

____

____

____

____

____

____

____

____

____

____

____

____

____

____

Falls der Platz nicht reicht:
Eine vollständige Liste mit Anschriften befindet sich:

____

____

____

■ Anzeige in der Tageszeitung

Es soll

- eine
- keine

Anzeige in der folgenden Tageszeitung erscheinen:

____

____

Spende

Statt Blumen- oder Kranzspenden bitte ich um eine Spende an folgende gemeinnützige Institution:

____

____

____

____

____

Konto:

____

bei:

____

Bankleitzahl:

____

Das Testament

Mein Testament ist hinterlegt bei/im:

____

____

____

____

____

____

Der Erbvertrag

Der Nachlass ist durch einen Erbvertrag geregelt. Der Vertrag wurde bei Notar

____

geschlossen und ist hinterlegt bei:

____

____

____

Lebensversicherung

Es besteht eine Lebensversicherung in Höhe von DM/Euro

____

bei:

____

____

____

____

____

____

Laut Versicherungsbedingungen ist die Versicherungsgesellschaft innerhalb eines Zeitraums von ___ Tagen von meinem Tod zu unterrichten.

Als Begünstigte/r ist benannt:

____

Die Versicherungspolice hat die Nummer

____

und befindet sich bei/im:

____

____

____

____

____

■ Unfallversicherung

Es besteht eine Unfallversicherung in Höhe von DM/Euro

____

bei:

____

____

____

____

Laut Versicherungsbedingungen ist die Versicherungsgesellschaft innerhalb eines Zeitraums von ___ Stunden von meinem Tod zu unterrichten.

Die Versicherungspolice hat die Nummer

____

und befindet sich bei/im:

____

____

____

____

____

Sollte mein Tod durch einen Unfall in einem Fahr-/Flugzeug eingetreten sein, und die Fahrkarte, der Flugschein oder die Tankrechnung wurden mit einer meiner Kreditkarten bezahlt, besteht – gegebenenfalls – eine Unfallversicherung durch die Kreditkartengesellschaft. Die Vertragsunterlagen befinden sich bei/im:

____

____

____

____

____

■ Krankenversicherung

Meine Krankenversicherung hat die Versicherungsnummer

____

bei:

____

____

____

■ Hausratversicherung

Meine Hausratversicherung hat die Versicherungsnummer

____

bei:

____

____

____

■ Haftpflichtversicherung

Meine Haftpflichtversicherung hat die Versicherungsnummer

____

bei:

____

____

____

■ Rentenversicherung

Meine Versicherungsnummer bei der

- Bundesversicherungsanstalt
- Landesversicherungsanstalt

____

____

■ Girokonten / Darlehensverträge

Es bestehen Girokonten / Darlehensverträge auf meinen Namen bei folgenden Banken und Sparkassen (Bankname, Zweigstelle, Kontonummer):

____

____

____

____

____

____

____

____

____

____

____

■ **Sparverträge**

Es bestehen Sparverträge (Sparbücher, Festgeld ...) auf meinen Namen bei folgenden Banken und Sparkassen (Bank/Konto-Nr.):

Die Sparbücher bzw. Vertragsunterlagen befinden sich

- in meiner Wohnung
- in einem Safe Nr.

  bei der Bank/Sparkasse
- in meinem privaten Safe

Kenntnis darüber, wo sich der/die Schlüssel befindet, hat:

Über eine Vollmacht für den Banksafe verfügt:

■ Bausparverträge

Ich habe einen/mehrere Bausparverträge bei folgenden Bausparkassen (Bankname/n, Vertragsnummer/n):

■ **Wertpapiere**

Ich bin im Besitz von Aktien/Wertpapieren, die im Depot folgender Bank bzw. Sparkasse liegen:

■ Bürgschaften

Ich habe eine Bürgschaft übernommen in Höhe von

für:

■ Kredite

Es laufen Kreditverträge mit / in Höhe von

■ Leasingverträge

Es laufen Leasingverträge mit / für:

■ Verpflichtungen

Es gibt weitere Verpflichtungen gegenüber / Grund / Höhe

■ **Vermieter, Hausverwalter**

Mein Vermieter

___

___

___

ist unter folgender Telefonnummer zu erreichen:

___

■ **weitere Notizen**

weitere Notizen

Gräber auf dem Bergsteigerfriedhof in Zermatt, Schweiz (inzwischen neu angelegt)

6
Reale und virtuelle Adressen …

Der Tod im »world wide web«

In Zeiten, in denen Menschen im Weltraum beerdigt werden wollen, in denen das Internet nicht nur für Jüngere zum selbstverständlichen Arbeits- und Freizeitinstrument geworden ist, wundert es nicht, dass sich viele Seiten im »world wide web« (www) auch mit dem Tod beschäftigen.

Wer statt des Grabkreuzes aus Holz oder des Grabsteins aus Marmor lieber einen virtuelle Gedenkstätte haben möchte, kann sich von Angehörigen oder Freunden diesen letzten Wunsch erfüllen lassen (z. B. www.memoriam.de).

Aber auch für ganz alltägliche Probleme finden Sie im Netz der Netze Antworten und Hilfestellungen. Von Fragen zu Organspende und Patientenverfügungen über Gesetzes- und Richtlinientexten zur Bestattung und über Informationen zu Totengedenken und Trauerkultur bis hin zu Produktangeboten für Bestatter gibt es Informationen, Meinungen und Stellungnahmen.

Wir haben Ihnen deshalb eine Reihe von Netzanschriften zusammengestellt. Die Aufnahme in unsere Liste ist keine Qualitätsbewertung. Und wir können auch nicht garantieren, dass die Links alle auch dann noch funktionieren, wenn Sie sie anklicken. Denn das Internet ist ein Medium, das schnellen Veränderungen unterworfen ist.

Sollten Sie die eine oder andere Homepage nicht mehr finden, empfehlen wir Ihnen den Einsatz einer der deutschsprachigen Suchmaschinen (zum Beispiel web.de, google.de, abacho.de). Wenn Sie dort die Stichworte Beerdigung, Tod oder Trauer eingeben, werden Sie eine Fülle von mehr oder weniger interessanten Links finden, die zum Teil auch auf andere Seiten weiterführen oder gar ausführliche Linksammlungen enthalten.

Leider ist – internet-typisch – nicht immer erkennbar, wer hinter den Seiten steht. Informationen sind nie wertfrei! Kommerzielle Interessen sind also nicht ganz ausgeschlossen, wenn die Informationslieferanten sich hinter allgemein gehaltenen Webadressen verstecken und auch auf der Homepage keine Infos zu sich selbst geben. Wenn Sie trotzdem gerne wissen möchten, wer die Seiten betreibt, hilft oft ein Aufruf von denic.de. Bei Denic werden die Adressen mit der Endung ».de« angemeldet. Unter www.denic.de/servlet/whois können Sie den Namen in eine Suchmaschine eingeben und erhalten dann weitere Informationen. Für Adressen mit anderen Endungen (.com, .net, ...) können Sie unter www.networksolutions.com suchen.

Inzwischen müssen Anbieter von Webseiten in einem Impressum eine Reihe von Angaben über sich selbst machen. Allerdings wird nach unseren Recherchen diese rechtliche Verpflichtung noch nicht bei allen Anbietern umgesetzt.

Eine Homepage möchten wir dann doch hervorheben, weil sie besonders auf Fragen des Alters, der Pflege von Menschen und den Tod eingeht und vor allem eine umfassende Linksammlung enthält: www.tss-datenbank.de. Zudem sind diese Webseiten der Theodor Springmann Stiftung, Berlin, nicht nur informativ, sondern auch noch klar gegliedert und deshalb sehr übersichtlich.

Organspende:
www.akos.de

Ausführliche Webseiten zum Thema Tod und Trauer:
www.trauernetz.de
www.memoriam.de
www.tod-und-trauer.de
www.bestattungsinstitut.de
www.outoftime.de
www.alpha-nrw.de
www.schmetterlingskinder.de

Verbände der Bestatter:
www.bestatter.de
www.vdb-berlin.de

Bundesarbeitsgemeinschaft Trauerfeier: Zusammenschluss von TrauerrednerInnen
http://www.batf.de

Arbeitsgemeinschaft Friedhof und Denkmal:
www.friedhof-und-denkmal.de

Museen:
www.sepulkralmuseum.de
(Museum für Sepulkralkultur, Kassel; Webseiten sind identisch mit denen der Arbeitsgemeinschaft Friedhof und Denkmal)

Museen

Wer sich davor fürchtet, Friedhöfe zu betreten, für den sind die nachfolgenden Hinweise sicher kein guter Freizeittipp. Denn in den genannten Museen treffen Sie auf »Kisten«, in denen die meisten von uns nur ungern liegen, auf Fahrzeuge für die letzte Reise und auf Bilder von Tod und Teufel.

Wenn Sie den Tod jedoch als etwas betrachten, das zum Leben dazu gehört, dann sollten Sie einen Besuch dieser Museen nicht scheuen. Sie finden eine Fülle von zum Teil überraschenden Informationen zu Vergangenheit und Gegenwart.

Museum für Sepulkralkultur
Weinbergstraße 25–27
34117 Kassel
Telefon: 0561 91893-0
täglich außer montags 10–17, mittwochs 10–20 Uhr
zeitweise Sonderausstellungen
Eintritt 4,50 €, zahlreiche Ermäßigungen

Museum Friedhof Ohlsdorf
Fuhlsbüttler Straße 756
22337 Hamburg
Telefon: 040 593880
Montag, Donnerstag, Sonntag
10–14 Uhr
zeitweise Sonderausstellungen

Wiener Bestattungsmuseum
Goldeggasse 19
1041 Wien
Österreich
Telefon: +43 (0)1 501950
Montag bis Freitag (außer an Feiertagen) 10–15 Uhr
Voranmeldung erforderlich, Besichtigung nur im Rahmen einer Führung

Sammlung Friedhof Hörnli
Hörnliallee 70
4125 Riehen (bei Basel)
Schweiz
Telefon +41 (0)61 6052100
jeden 1. und 3. Sonntag im Monat
10–16 Uhr
kein Eintritt

National Funeral Museum
Victoria House
10 Woolwich Manor Way
London E6 4PA
Telefon: +44 (0)1271 4761855
Besichtigung der Sammlung nur mit Voranmeldung

Budapesti Temetkezesi Intezet Rt.
(Pietätsmuseum)
Fiumei ut 16
H-1086 Budapest

Alle genannten Museen gehören der Vereinigung »European Federation of Furneral Museums« an. Zu dieser Vereinigung gehören auch noch Museen in Budapest, Den Haag und Paris.

Außerdem gibt es noch es noch ein Leichenwagenmuseum in Barcelona.

Verbände

Bundesverband Deutscher Bestatter e.V.
Volmerswerther Str. 79
40221 Düsseldorf
Telefon: 0211 16008-10

Arbeitsgemeinschaft Friedhof und Denkmal e.V.
Weinbergstraße 25–27
34117 Kassel
Telefon: 0561 918930

Öffnungszeiten, Anschriften und Telefonnummern ändern sich zwar nicht so schnell wie Internetadressen, doch auch sie sind dem Wandel unterworfen. Bevor Sie zum Beispiel auf Reise in eines der genannten Museen gehen, informieren Sie sich bitte über die aktuellen Öffnungszeiten!

Besuch auf Friedhöfen

Für manche Menschen mag es ein Graus sein, für andere gehört es zur selbstverständlichen Reiseplanung: ein Besuch auf Friedhöfen zeigt viel über die Menschen und die Kultur eines Landes.

So ist beispielsweise der Hamburger Friedhof Ohlsdorf nicht nur weitläufigster Park der Hansestadt, sondern mit seinen historischen Grabstätten und der eindrucksvollen Gartenarchitektur auch Kulturdenkmal. Mit einer Fläche von 400 Hektar ist Ohlsdorf – nach eigenen Angaben – der größte Friedhof der Welt! Mehr als zwei Millionen Besucher pro Jahr kommen mit Sicherheit nicht nur wegen ihrer Angehörigen oder Freunde, sondern auch, um die Gräber von Hans Albers, Wolfgang Borchert, Gustav Gründgens, Carl Hagenbeck, Henry Vahl oder eines der vielen anderen Prominenten zu besuchen. Über den Friedhof führen nicht nur mehrere nach Themen gegliederte »Wanderwege«, sondern auch zwei Buslinien.

Sehenswert auch: der Wiener Zentralfriedhof, der 1874 eröffnet wurde und Grabstätten aller Konfessionen umfasst. Dort trifft man nicht nur auf Trauerzüge, sondern auch auf jede Menge Touristen, die es vor allem zu den Gräbern von Ludwig van Beethoven, Johannes Brahms, Franz Schubert, Johann Strauss und Wolfgang Amadeus Mozart zieht. Letzterer ist hier allerdings nicht begraben. Ein Denkmal erinnert an ihn (für Besucher: alle genannten Gräber liegen in der Gruppe 32A).

338 Ehrengräber und 571 ehrenhalber gewidmete Gräber gibt es auf dem Wiener Zentralfriedhof. Ein Gang über diesen Friedhof ist auch ein Gang durch die Geschichte unseres Nachbarlandes. Ohne den Führer »Ehrengräber am Wiener Zentralfriedhof«, den man an den Eingängen kaufen kann, findet man bei zurzeit gut 330.000 Grabstellen viele der berühmten Gräber nicht. Der Wiener Zentralfriedhof ist der zweitgrößte europäische Friedhof.

Wer Paris besucht, findet auf dem Friedhof Père Lachaise ebenfalls eine Reihe von Gräbern Prominenter: Honoré de Balzac, Simone de Beauvoir und Jean Paul Sartre, Samuel Beckett, Frederic Chopin, Jim Morrison, Michel Petrucciani, Edith Piaf sowie Simon Signoret und Yves Montand haben hier ihre letzte Ruhestätte.

Anschriften der Verbraucherzentralen

Verbraucherzentrale
Baden-Württemberg e. V.
Paulinenstraße 47
70178 Stuttgart
Telefon: 07 11 / 66 91-10
Fax: 07 11 / 66 91-50
e-mail:
info@verbraucherzentrale-bawue.de

Verbraucherzentrale
Bayern e. V.
Mozartstraße 9
80336 München
Telefon: 0 89 / 53 98 70
Fax: 0 89 / 53 75 53
e-mail:
info@verbraucherzentrale-bayern.de

Verbraucherzentrale
Berlin e. V.
Bayreuther Straße 40
10787 Berlin
Telefon: 0 30 / 2 14 85-0
Fax: 0 30 / 2 11 72-01
e-mail: info@verbraucherzentrale-berlin.de

Verbraucherzentrale
Brandenburg e. V.
Templiner Straße 21
Haus B und C
14473 Potsdam
Telefon: 03 31 / 2 98 71-0
Fax: 03 31 / 2 98 71-77
e-mail: info@vzb.de

Verbraucherzentrale
des Landes Bremen e. V.
Altenweg 4
28195 Bremen
Telefon: 04 21 / 16 07 77
Fax: 04 21 / 1 60 77 80
e-mail: info@vz-hb.de

Verbraucherzentrale
Hamburg e. V.
Kirchenallee 22
20099 Hamburg
Telefon: 0 40 / 2 48 32-0
Fax: 0 40 / 2 48 32-290
e-mail: info@vzhh.de

Verbraucherzentrale
Hessen e. V.
Große Friedberger Straße 13–17
60313 Frankfurt
Telefon: 0 69 / 97 20 10-0
Fax: 0 69 / 97 20 10-50
e-mail: vzh@verbraucher.de

Verbraucherzentrale
Mecklenburg-Vorpommern e. V.
Strandstraße 98
18055 Rostock
Telefon: 03 81 / 4 93 98-0
Fax: 03 81 / 4 93 98-30
e-mail: info@verbraucherzentrale-mv.de

Verbraucherzentrale
Niedersachsen e. V.
Herrenstraße 14
30159 Hannover
Telefon: 05 11 / 9 11 96-01
Fax: 05 11 / 9 11 96-10
e-mail: info@vzniedersachsen.de

Verbraucherzentrale
Nordrhein-Westfalen e. V.
Mintropstraße 27
40215 Düsseldorf
Telefon: 02 11 / 38 09-0
Fax: 02 11 / 38 09-172
e-mail: vz.nrw@vz-nrw.de

Verbraucherzentrale
Rheinland-Pfalz e. V.
Ludwigstraße 6
55116 Mainz
Telefon: 0 61 31 / 28 48-0
Fax: 0 61 31 / 28 48-66
e-mail: verbraucherzentrale-rlp@verbraucherzentrale-rlp.de

Verbraucherzentrale
des Saarlandes e. V.
Hohenzollernstraße 11
66117 Saarbrücken
Telefon: 06 81 / 5 00 89-0
Fax: 06 81 / 5 00 89-22
e-mail: vz-saar@vz-saar.de

Verbraucherzentrale
Sachsen e. V.
Bernhardstraße 7
04315 Leipzig
Telefon: 03 41 / 6 88 80 80
Fax: 03 41 / 6 89 28 26
e-mail: vzs@vzs.de

Verbraucherzentrale
Sachsen-Anhalt e. V.
Steinbockgasse 1
06108 Halle
Telefon: 03 45 / 2 98 03-0
Fax: 03 45 / 2 98 03-26
e-mail: vzsa@vzsa.de

Verbraucherzentrale
Schleswig-Holstein e. V.
Bergstraße 24
24103 Kiel
Telefon: 04 31 / 5 12 86
Fax: 04 31 / 55 35 09
e-mail: info@verbraucherzentrale-sh.de

Verbraucherzentrale
Thüringen e. V.
Eugen-Richter-Straße 45
99085 Erfurt
Telefon: 03 61 / 5 55 14-0
Fax: 03 61 / 5 55 14-40
e-mail: info@vzth.de

Stichwortverzeichnis

A

B

D

E

Hier können wir Ihnen nur eine kleine Auswahl unseres mehr als 70 Titel umfassenden Ratgeberprogramms vorstellen. Auf Wunsch senden wir Ihnen gerne die Gesamtübersicht aller Publikationen zu.

Unsere Ratgeber können Sie in den Beratungsstellen der Verbraucher-Zentralen kaufen oder bei den Herausgebern (siehe Impressum im vorderen Umschlag) bestellen. Bitte schicken Sie weder Geld noch Briefmarken. Sie erhalten mit der Lieferung eine Rechnung. Zu den genannten Preisen (Stand: Juni 2003) kommen noch Porto und Versandkosten.

Erbschaften

Ein Nachschlagewerk für Erben und Erblasser. Wir sagen Ihnen, was bei der Erbfolge zu beachten ist, was der Gesetzgeber vorschreibt und wie ein wirksames Testament ohne Formfehler erstellt wird. Und zeigen auch, wie man auf legalem Wege möglichst viel Erbschaftssteuer spart.

144 Seiten 7,16 €
(Neuauflage Herbst 2003)

Erbschaft und Pflichtteil

Wer eine Erbschaft macht, wird oft mit zahlreichen und unvermuteten Problemen konfrontiert: Was gehört zum Beispiel alles zu einem Nachlass oder was ist ein Pflichtteil? Ab wann kann man über ein Erbe verfügen, und was ist mit der Erbschaftssteuer? Auf diese und viele anderen Fragen gibt unser Ratgeber eine Antwort.

308 Seiten 8,50 €

Testament – Erbvertrag – Schenkung

In den kommenden Jahren werden in Deutschland Geld- und Immobilienvermögen in Höhe von einigen Milliarden vererbt. Für den Einzelnen ist es wichtig, beizeiten für seine Angehörigen oder andere Begünstigte zu sorgen. Hierfür gibt es zahlreiche rechtliche Möglichkeiten, die der Ratgeber in leicht nachvollziehbarer Weise darlegt.

271 Seiten 8,50 €

Richtig versichert – viel Geld gespart

Millionen Bundesbürger sind falsch oder zu teuer versichert. Wir sagen Ihnen, welche Versicherung Sie in welchem Lebensabschnitt brauchen, und geben einen Überblick über die Versicherungssparten. Musterbriefe erleichtern die Angebotseinholung. Mit Fragebogen für die computergestützte Versicherungsberatung!

134 Seiten 7,80 €

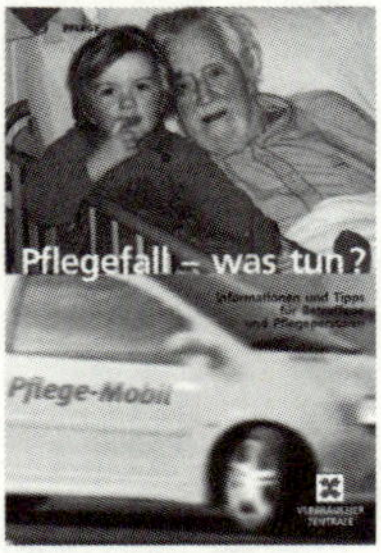

Pflegefall – was tun?

Ob ein Mensch von Geburt an pflegebedürftig ist oder im Lauf seines Lebens wird – die Betroffenen stehen vor vielfältigen Problemen. Unser Ratgeber informiert Sie über Ihre Rechte und Möglichkeiten, Unterstützung und Hilfestellung zu bekommen.

280 Seiten 9,80 €

Pflegende Angehörige

Die Pflege eines hilfebedürftigen Menschen führt zu unzähligen Veränderungen im Leben des Pflegenden. Jede Pflegesituation ist einzigartig. Und doch gibt es viele Gemeinsamkeiten. Der Ratgeber soll einen Einblick verschaffen, was auf die Pflegenden zukommt, und aufzeigen, wie und wo sie sich bei ihrer Aufgabe entlasten können.

158 Seiten 7,80 €

Patientenverfügung, Vorsorgevollmacht und Betreuungsverfügung

Wer soll in Ihrem Namen Entscheidungen treffen, wenn Sie dies wegen Unfall, Krankheit oder Alter selbst nicht mehr können? Welche medizinische Behandlung wünschen Sie in solchen Fällen? Dieser Ratgeber informiert über bestehende Vorsorgemöglicheiten.

86 Seiten 4,80 €